DOUGLAS TUFANO

MACHADO DE ASSIS

CRÔNICA - CONTO - ROMANCE

NA SALA DE AULA

© DOUGLAS TUFANO

COORDENAÇÃO EDITORIAL	Maristela Petrili de Almeida Leite
EDIÇÃO DE TEXTO	Janette Tavano
COORDENAÇÃO DE EDIÇÃO DE ARTE	Camila Fiorenza
ILUSTRAÇÕES	Weberson Santiago
DIAGRAMAÇÃO	Isabela Jordani
COORDENAÇÃO DE REVISÃO	Elaine Cristina del Nero
REVISÃO	Andrea Ortiz
COORDENAÇÃO DE *BUREAU*	Américo Jesus
COORDENAÇÃO DE PESQUISA ICONOGRÁFICA	Luciano Baneza Gabarron
PESQUISA ICONOGRÁFICA	Rosa André, Márcia Sato
TRATAMENTO DE IMAGENS	Bureau São Paulo, Marina M. Buzzinaro
PRÉ-IMPRESSÃO	Everton Luis de Oliveira
COORDENAÇÃO DE PRODUÇÃO INDUSTRIAL	Wilson Aparecido Troque
IMPRESSÃO E ACABAMENTO	Log&Print Gráfica, Dados Variáveis e Logística S.A.

Lote: 788234
Código: 12101886

Dados Internacionais de Catalogação na Publicação (CIP)
(Câmara Brasileira do Livro, SP, Brasil)

Tufano, Douglas
Machado de Assis na sala de aula : crônica,
conto, romance / Douglas Tufano. – São Paulo :
Moderna, 2015. -- (Série na sala de aula)

ISBN 978-85-16-10188-6

1. Assis, Machado de, 1839-1908 - Crítica e interpretação
2. Contos brasileiros - História e crítica 3. Crônicas
brasileiras - História e crítica 4. Romance brasileiro -
História e crítica I. Título. II. Série.

15-05418   CDD-869.09

Índices para catálogo sistemático:

1. Literatura brasileira : História e crítica 869.09

EDITORA MODERNA LTDA.
Rua Padre Adelino, 758 - Belenzinho
São Paulo - SP - Brasil - CEP 03303-904
Vendas e Atendimento: Tel. (11) 2790-1300
www.modernaliteratura.com.br
2024

SUMÁRIO

MACHADO DE ASSIS: UM CARIOCA GENIAL

Joaquim Maria Machado de Assis nasceu em 21 de junho de 1839, no morro do Livramento, na cidade do Rio de Janeiro. Sua mãe Maria Leopoldina Machado de Assis era uma emigrante portuguesa, natural do arquipélago dos Açores, que tinha vindo para o Brasil ainda menina.

O pai, Francisco José de Assis, era um carioca que trabalhava como pintor de paredes. Tanto ele quanto seu pai, o avô de Joaquim Maria, eram homens livres num Brasil ainda escravocrata – o bisavô do escritor tinha sido um escravo liberto.

A MÃE, MARIA LEOPOLDINA, VEIO DOS AÇORES PARA O BRASIL AINDA MENINA.

© Anderson de Andrade Pimentel e Fernando José Ferreira

A família morava numa casa muito modesta na chácara do Livramento e era protegida pela dona da propriedade, uma senhora rica chamada Maria José de Mendonça Barroso, que foi madrinha de Joaquim Maria.

Em 1840, nasceu a irmã do autor, a menina Maria. Ela, no entanto, morreu aos cinco anos, vítima de sarampo, uma doença que, na época, matava muitos adultos e crianças no Brasil. Aliás, pouco tempo depois, a madrinha Maria José faleceu pela mesma causa.

O menino Joaquim Maria fica órfão de mãe

Em 18 de janeiro de 1849 foi a mãe de Joaquim Maria quem morreu, vítima de tuberculose, aos 36 anos de idade. Sozinho com o pai, aquele foi um período difícil para o menino de apenas 10 anos.

Mudaram-se para São Cristóvão e o garoto frequentemente pegava a barca que ligava esse bairro ao centro da cidade. Em 1854, o pai casou-se novamente: Maria Inês da Silva era doceira e Joaquim Maria passou a ajudá-la a vender doces para os alunos de um colégio rico.

Mas isso durou pouco. Nesse mesmo ano, aos quinze, ele resolveu ir morar na cidade. Precisava ganhar a vida sozinho. Sabia ler e escrever, era inteligente e esperto. Gostava de estudar. E tinha muita força de vontade.

Um jovem que gosta de literatura

Atraído pela literatura, o jovem logo começou a frequentar redações de jornal, pois era lá que se reuniam os escritores da época. Estes, antes de lançar os romances em livros, quase sempre os publicavam nos jornais. As histórias, chamadas folhetins, saíam em capítulos que eram acompanhados com interesse pelo pequeno público leitor. Se houvesse sucesso, o autor reunia todos os capítulos e produzia um livro. Assim surgiram muitas obras famosas da literatura brasileira, como *O guarani*, de José de Alencar.

Joaquim Maria começou a colaborar na imprensa e em janeiro de 1855, quando ainda não tinha completado dezesseis anos, conseguiu publicar uma de suas poesias na *Marmota Brasileira*, um jornal de variedades e literatura muito lido pelas famílias cariocas.

O dono desse jornal era Francisco de Paula Brito e era em sua casa que funcionava uma tipografia e uma livraria. Além de ter trabalhado lá como tipógrafo

e vendedor, Joaquim Maria também participava das reuniões de escritores e políticos que costumavam se encontrar no local. Assim, aos poucos, ele foi se integrando nesse ambiente intelectual estimulante, muito diferente da pacata vida do subúrbio que deixara para trás. Conheceu pessoas da classe alta, começou a comparecer a festas e reuniões sociais, aproveitando para declamar seus próprios poemas e fazer-se conhecido.

Sempre curioso intelectualmente, ele passou a frequentar o Real Gabinete Português de Leitura, uma biblioteca pública que possuía um bom acervo, pois já em 1850 colocava à disposição dos leitores cerca de 16 mil obras.

FOI NO REAL GABINETE PORTUGUÊS DE LEITURA QUE O JOVEM MACHADO LEU VÁRIAS OBRAS IMPORTANTES.

REAL GABINETE PORTUGUEZ DE LEITURA

Sabia também que, se quisesse se aprofundar nos estudos literários, teria que conhecer outras línguas, por isso, começou a estudar inglês e francês. Com o tempo, chegou a traduzir livros dessas línguas para o português. Estrangeiros, aliás, não faltavam no Rio de Janeiro daquela época, sobretudo no comércio. Por volta de 1855, havia na cidade quatrocentos espanhóis, mil italianos, cinco mil franceses, seis mil ingleses e alguns milhares de alemães, sem contar os portugueses, é claro, que não eram considerados propriamente estrangeiros.

Teatro: a grande diversão da cidade

Os espetáculos de teatro eram eventos festejados nas noites cariocas, atraindo muitas pessoas, inclusive Joaquim Maria.

O público apreciava especialmente as óperas italianas, e as cantoras líricas arrebatavam os jovens espectadores, que se juntavam em verdadeiras torcidas a favor desta ou daquela atriz, chegando inclusive a se colocar no lugar dos cavalos da carruagem para transportar suas preferidas. O jovem autor também chegou a participar dessas manifestações de fanatismo. Eis como ele recorda esse tempo, numa crônica escrita muitos anos mais tarde, a respeito de uma cantora chamada Candiani:

"A Candiani não é conhecida da geração presente. Mas os velhos, como eu, ainda se lembram do que ela fez, porque eu fui um dos cavalos temporários do carro da prima-dona!

Ó tempos! ó saudades! Tinha eu vinte anos, um bigode em flor, muito sangue nas veias e um entusiasmo capaz de puxar todos os carros. A Candiani não cantava, punha o céu na boca do mundo. (...) O público ouvia a Candiani e perdia a noção da realidade."

Seu interesse por esse tipo de espetáculo era grande e ele logo animou-se a escrever peças teatrais, ao lado das poesias que já começavam a tornar seu nome conhecido. Dedicou-se também a escrever crítica de teatro na imprensa e aos poucos iniciou-se como cronista e contista.

Nasce o escritor e crítico literário Machado de Assis

Poeta, contista, autor de peças teatrais, cronista, crítico — o jovem Joaquim Maria firmava-se como um intelectual participativo da vida cultural carioca e começava a ser conhecido como Machado de Assis.

Participou ativamente da imprensa da época, escrevendo crônicas durante muitos anos em diversos jornais e revistas, comentando tudo o que acontecia de importante ou curioso na cidade e no Brasil.

Machado de Assis acompanhava bem de perto a produção literária brasileira e escrevia frequentemente sobre escritores novos ou consagrados. Suas opiniões eram muito respeitadas e ele se dedicava com seriedade a esse trabalho crítico, que julgava fundamental para o desenvolvimento da nossa literatura, como podemos perceber nesta passagem de um texto chamado "O ideal do crítico", de 8 de outubro de 1865:

"Não quero proferir um juízo, que seria temerário, mas qualquer um pode notar com que largos intervalos aparecem as boas obras, e como são raras as publicações seladas por um talento verdadeiro. Quereis mudar esta situação aflitiva? Estabelecei a crítica, mas a crítica fecunda, e não a estéril, que nos aborrece e nos mata, que não reflete nem discute, que abate por capricho ou levanta por vaidade; estabelecei a crítica pensadora, sincera, perseverante, elevada, — será esse o meio de reerguer os ânimos, promover os estímulos, guiar os estreantes, corrigir os talentos feitos; condenai o ódio, a camaradagem e a indiferença — essas três chagas da crítica de hoje, — ponde em lugar deles a sinceridade, a solicitude e a justiça, — é só assim, que teremos uma grande literatura."

© Coleção Particular

A FACHADA DO TEATRO JOÃO CAETANO APARECE NA PINTURA DE 1834 DO ARTISTA FRANCÊS JEAN-BAPTISTE DEBRET, QUE VIVEU ALGUNS ANOS NO RIO DE JANEIRO. É O TEATRO MAIS ANTIGO DO BRASIL: NESSE LOCAL FOI CONSTRUÍDO, EM 1813, O REAL TEATRO DE SÃO JOÃO, EM HOMENAGEM AO PRÍNCIPE REGENTE, D. JOÃO VI. SOFREU VÁRIAS REFORMAS AO LONGO DO TEMPO E HOJE LEVA O NOME DO GRANDE ATOR DO SÉCULO XIX, QUE FOI TAMBÉM UM DE SEUS PROPRIETÁRIOS.

Para se ter uma ideia do respeito com que era considerado, podemos ler um trecho de uma carta aberta, publicada no jornal *Correio Mercantil*, em 1868, pelo famoso romancista José de Alencar, pedindo a Machado de Assis que fizesse a apresentação ao público carioca de um jovem poeta baiano que começava a se destacar — Castro Alves. Veja os elogios que José de Alencar fez a Machado de Assis, na época ainda um jovem de 29 anos:

"Lembrei-me do senhor. Em nenhum concorrem os mesmos títulos. (...) O senhor foi o único de nossos modernos escritores que se dedicou sinceramente à cultura dessa difícil ciência que se chama crítica. Uma porção de talento que recebeu da natureza, em vez de aproveitá-lo em criações próprias, teve a abnegação de aplicá-lo a formar o gosto e desenvolver a literatura pátria."

Observe que José de Alencar comenta que Machado não era egoísta e que usava seu talento para ajudar outros autores, sem se preocupar em escrever suas próprias obras. Mas, na verdade, Machado já estava com planos de dedicar mais tempo à sua produção literária, o que aconteceria alguns anos depois.

Carolina, o amor de sua vida

A vida profissional de Machado de Assis progredia, embora trabalhasse muito e ainda ganhasse pouco. Tinha muitos amigos influentes e, em março de 1867, recebeu do imperador o título de *Cavaleiro da Ordem da Rosa*. Ainda nesse mesmo ano, em 8 de abril, foi nomeado ajudante do diretor do *Diário Oficial*. Era um cargo modesto, com ordenado também modesto. Mas, de qualquer forma, era o início de uma carreira no funcionalismo público, que poderia trazer-lhe estabilidade financeira.

Se profissionalmente as coisas caminhavam bem, na vida sentimental ele sofria a falta de um grande amor. O qual finalmente apareceu sob a forma de uma portuguesa bonita, culta e prendada chamada Carolina, que tinha vindo ao Rio de Janeiro para ajudar a cuidar do irmão doente, Faustino Xavier de Novais, um amigo de Machado de Assis.

Funcionário público e escritor

Em 1873, Machado de Assis ganhou uma promoção: foi nomeado 1º oficial de secretaria do estado do Ministério da Agricultura, Comércio e Obras Públicas. Em 1888, foi novamente agraciado pelo imperador, desta vez com o título de *Oficial da Ordem da*

O JOVEM
MACHADO.

CAROLINA,
O GRANDE
AMOR DE
MACHADO.

MINISTÉRIO DA INDÚSTRIA, VIAÇÃO E OBRAS PÚBLICAS, LOCAL DE TRABALHO DE MACHADO DE ASSIS.

© Fundação Biblioteca Nacional, Rio de Janeiro

Rosa. Em 1889, passou a ter um cargo de direção e, em 1892, foi designado diretor-geral da Viação. Sua carreira como funcionário público ia muito bem.

À medida que se estabilizava na vida profissional, Machado dedicava-se cada vez mais à literatura, lendo, estudando e escrevendo, sempre com o apoio de Carolina. De tempos em tempos, reunia em livro os contos que continuava publicando em jornais e revistas, mas dedicava-se regularmente à produção de romances. Em 1878, ele ficou muito doente e, a conselho médico, foi passar uma temporada na vizinha cidade de Friburgo. Estava proibido de ler e escrever, mas não de pensar... E tinha Carolina, que o ajudava, anotando o que ele ditava. Em 1881, publicou um livro que marcaria a literatura realista no Brasil: *Memórias póstumas de Brás Cubas*.

A Academia Brasileira de Letras

No dia 15 de dezembro de 1896, realizava-se a primeira sessão da Academia Brasileira de Letras, uma iniciativa de um grupo de escritores do Rio de Janeiro. Machado de Assis foi aclamado o presidente. Era a consagração de seu nome, o

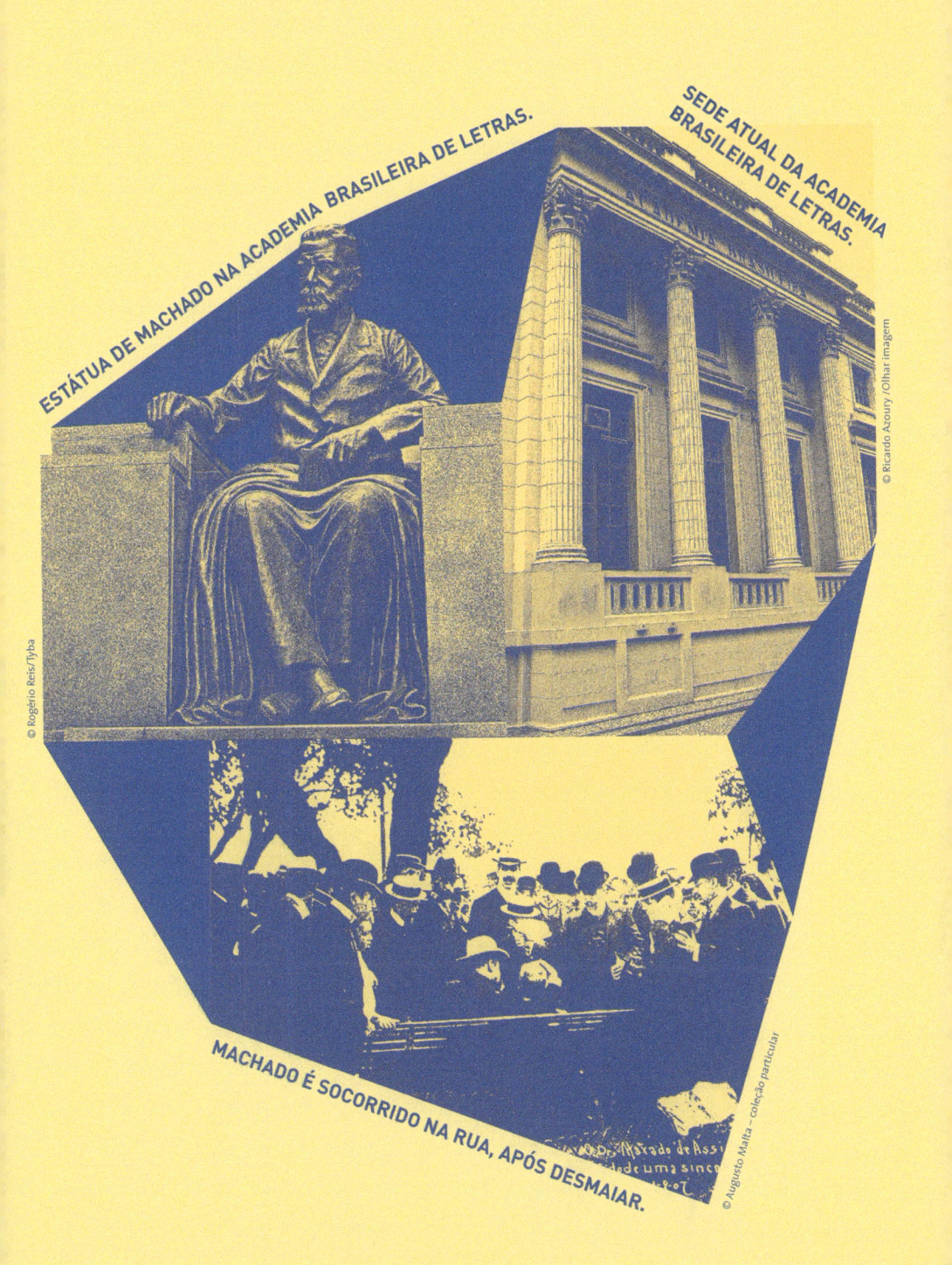

ESTÁTUA DE MACHADO NA ACADEMIA BRASILEIRA DE LETRAS.

© Rogério Reis/Tyba

SEDE ATUAL DA ACADEMIA BRASILEIRA DE LETRAS.

© Ricardo Azoury /Olhar imagem

MACHADO É SOCORRIDO NA RUA, APÓS DESMAIAR.

© Augusto Malta – coleção particular

reconhecimento público e oficial de que era o maior nome das letras brasileiras.

A Academia Brasileira de Letras seguia de perto o modelo da famosa Academia Francesa, fundada em 1635. Cada membro da Academia era titular de uma cadeira, batizada com o nome de um escritor falecido. Na morte de um membro, realizava-se uma eleição para a escolha de seu sucessor — esse procedimento é adotado até hoje.

Na sessão inaugural, tomaram posse os quarenta fundadores, tendo cada um escolhido seu patrono. Machado de Assis ocupava a cadeira número 23 e seu patrono era um escritor por quem ele tinha muita admiração: José de Alencar.

Solidão e morte

O século XX chegou, mas, para Machado de Assis, ele começou de maneira trágica: em 20 de outubro de 1904, Carolina morreu. Doente e só, Machado sentiu muito a perda de sua companheira de 35 anos.

Seus amigos mais próximos já tinham observado, com preocupação, que ele não sentia mais prazer em viver. Assim escreveu, por exemplo, o teatrólogo Artur Azevedo: "Há quanto tempo o mestre que dantes falava de tudo, e de tudo sorria, não falava senão da morte, e não sorria mais... (...). Como era triste comparar o Machado de Assis dos últimos tempos com o de outrora, alegre, cheio de vivacidade, eternamente rapaz, dizendo um bom dito a propósito de tudo, e rindo, rindo sempre!".

Cada vez mais fraco, raramente saía de casa. Seu estado acabou se agravando e, no dia 29 de setembro de 1908, Machado faleceu em sua residência.

SEU ENTERRO FOI UM ACONTECIMENTO NOTÁVEL NA CIDADE. UM IMENSO CORTEJO FORMOU-SE ATÉ O CEMITÉRIO. O RIO DE JANEIRO HOMENAGEAVA UM FILHO FAMOSO E QUERIDO. E O BRASIL SE DESPEDIA DE UM DOS MAIORES ESCRITORES DA SUA HISTÓRIA.

CRÔNICAS

Machado de Assis escreveu crônicas durante muitos anos em jornais e revistas.
Seu estilo direto e comunicativo atraía os leitores, assim como seus comentários irônicos e bem-humorados. Às vezes, as crônicas se transformavam em pretextos para o autor brincar com a linguagem, como nesta passagem, por exemplo:

"Ando tão atordoado que não sei se chegarei ao fim do papel. Se escorregar, segure-me."

Ou nesta crônica humorística, em que, cansado da estupidez de seu empregado imaginário, inventou a seguinte conversa:

" — (...) Faz-me um favor: vai ver se estou no largo da Carioca.
— Sim, senhor... Se não estiver, volto?
— Espera primeiro, até as cinco horas; se até as cinco horas não me achares, é que eu não estou, e então volta para casa.
— Muito bem; mas se o patrão lá estiver, que quer que lhe faça?
— Puxe-me o nariz.
— Ah! Isso não! Confiança dessas não são comigo. Gracejar, gracejo, e o patrão faz-me o favor de rir; mas não se puxa o nariz a um homem...
— Bem, dá-me então as boas-tardes e vem-te embora para casa.
— Perfeitamente."

Por trás desse estilo meio brincalhão, porém, escondia-se um atento observador da sociedade, capaz de críticas agudas, mas sempre feitas em tom educado. Falava sobre os mais variados assuntos e de tudo extraía uma questão que fazia o leitor pensar. Comentou as touradas, a moda da patinação, o espiritismo, a homeopatia, o carnaval, a febre amarela, o comportamento dos políticos, a literatura. Em suas centenas de crônicas, traçou um retrato pessoal mas também bastante fiel da vida carioca da segunda metade do século 19.

PRIMEIRA PÁGINA DO JORNAL *GAZETA DE NOTÍCIAS*, DE 14 DE MAIO DE 1888, NOTICIANDO A ABOLIÇÃO DA ESCRAVIDÃO APROVADA NO DIA ANTERIOR. MACHADO DE ASSIS FOI CRONISTA DESSE JORNAL POR ALGUM TEMPO.

[TOURADAS][1]

[...]

Faltavam-nos os touros. Os touros vieram, e com eles toda a fraseologia[2], a nova, a elegante, a longa fraseologia tauromáquica[3]; enfim, veio o bandarilheiro[4] Pontes. Não tive a honra de ver este cavalheiro que os doutores da instituição proclamam artista de alta escala; mas ele pertence ao número das coisas, em que eu creio sem ver, digo mais, das coisas, em que eu tanto mais creio, quando menos avisto. Porque é de saber que, em relação a esta nobre diversão do espírito, eu sou nada menos que um patarata[5]; nunca vi corridas de touros; provavelmente, não as verei jamais. Não é que me falte incentivo. Em primeiro lugar, possuo um amigo, espírito delicado, que as adora e frequenta; depois, sempre me há de lembrar Santo Agostinho[6]. Conta o grande bispo que o seu amigo Alípio, seduzido a voltar ao anfiteatro[7], ali foi de olhos fechados, resoluto[8] a não os abrir; mas o clamor das turbas[9] e a curiosidade os abriram de novo e de uma vez, tão certo é que esses espetáculos de sangue alguma coisa têm que fascinam e arrastam o homem. Pode ser que algum dia também eu vá atirar lenços e charutos aos pés de algum bandarilheiro célebre; pode ser...

1   Com o objetivo didático de facilitar esse primeiro contato com as crônicas de Machado de Assis, tomamos algumas liberdades na sua reprodução. Criamos títulos, que não existiam nos originais, para dar uma ideia do assunto de cada texto. A indicação [...] significa que um trecho foi suprimido. Todos os textos foram extraídos de *Obra completa*, volume III, Rio de Janeiro: Aguilar, 1973. No fim de cada crônica, indicam-se o título da coluna de jornal onde ela foi publicada e a data.

2   Fraseologia: aqui tem o sentido geral de vocabulário, palavras próprias da prática das touradas. Isto é, o cronista comenta que, junto com as touradas, vieram novas palavras, tal como "bandarilheiro", que ele citará logo em seguida.

3   Tauromáquica: que se refere à tauromaquia, isto é, à arte ou habilidade de lidar com touros.

4   Bandarilheiro: toureiro que espeta uma espécie de bandeirinha de ferro no dorso do touro. À medida que essas bandeirinhas (chamadas bandarilhas) vão sendo cravadas, o animal sangra, se enfraquece e se torna também cada vez mais furioso com a dor.

5   Patarata: pateta, idiota.

6   Santo Agostinho (354-430): famoso teólogo e filósofo católico, autor de vários livros, entre eles *Confissões*, onde se encontra o episódio comentado por Machado.

7   Anfiteatro: arena romana onde se apresentavam os espetáculos sangrentos de lutas de gladiadores.

8   Resoluto: decidido.

9   Clamor das turbas: gritos das multidões.

Por hora, não estou entre os inconsoláveis admiradores do Pontes, que lá se vai, mar em fora. Perdão, do artista Pontes. Sejamos do nosso século e da nossa língua. No tempo em que uma vã teoria regulava as coisas do espírito, estes nomes de artista e de arte tinham restrito emprego: exprimiam certa aplicação de certas faculdades. Mas as línguas e os costumes modificam-se com as instituições. Num regime menos exclusivo, essencialmente democrático, a arte teve de vulgarizar-se [...]. Cada um possui com que beber um trago. Daí vem que farpear[1] um touro ou esculpir o Moisés é o mesmo fato intelectual: só difere a matéria e o instrumento. [...]

(*Notas semanais*, 16 de junho de 1878)

1. **Por que o cronista citou o caso narrado por Santo Agostinho? O que esse caso tem a ver com o assunto tratado na crônica?**

2. **Por que o cronista não lamenta a partida do bandarilheiro Pontes?**

3. **Podemos dizer que o cronista foi irônico ao falar do entusiasmo das pessoas pelas touradas? Justifique sua resposta.**

4. **O que você acha que o autor diria sobre as lutas marciais dos nossos dias?**

***

O que é a loucura?
Quem é louco e quem não é?

[LOUCOS NA RUA]

A fuga de doidos do Hospício é mais grave do que pode parecer à primeira vista. Não me envergonho de confessar que aprendi algo com ela, assim como que perdi uma das escoras[2] da minha alma. Este resto de frase é obscuro, mas eu não estou agora para emendar frases nem palavras. O que for saindo saiu, e tanto melhor se entrar na cabeça do leitor.

---

1 **Farpear: aqui, significa espetar bandarilhas num touro.**
2 **Escoras: aquilo que sustenta, apoia.**

Ou confiança nas leis, ou confiança nos homens, era convicção minha de que se podia viver tranquilo fora do Hospício dos Alienados. No bonde, na sala, na rua, onde quer que se me deparasse pessoa disposta a dizer histórias extravagantes e opiniões extraordinárias, era meu costume ouvi-la quieto. Uma ou outra vez sucedia-me arregalar os olhos involuntariamente, e o interlocutor, supondo que era admiração, arregalava também os seus, e aumentava o desconcerto do discurso. Nunca me passou pela cabeça que fosse um demente. Todas as histórias são — possíveis, todas as opiniões respeitáveis. Quando o interlocutor, para melhor incutir uma ideia ou um fato, me apertava muito o braço ou me puxava com força pela gola, longe de atribuir o gesto a simples loucura transitória, acreditava que era um modo particular de orar[1] ou expor. O mais que fazia, era persuadir-me depressa dos fatos e das opiniões, não só por ter os braços mui sensíveis, como porque não é com dois vinténs que um homem se veste neste tempo.

Assim vivia, e não vivia mal. A prova de que andava certo, é que não me sucedia o menor desastre, salvo a perda da paciência; mas a paciência elabora-se[2] com facilidade; perde-se de manhã, já de noite se pode sair com dose nova. O mais corria naturalmente. Agora, porém, que fugiram doidos do hospício e que outros tentaram fazê-lo (e sabe Deus se a esta hora já o terão conseguido), perdi aquela antiga confiança que me fazia ouvir tranquilamente discursos e notícias. É o que acima chamei uma das escoras da minha alma. Caiu por terra o forte apoio. Uma vez que se foge do hospício dos alienados (e não acuso por isso a administração) onde acharei método para distinguir um louco de um homem de juízo? De ora avante, quando alguém vier dizer-me as coisas mais simples do mundo, ainda que não me arranque os botões, fico incerto se é pessoa que se governa, ou se apenas está num daqueles intervalos lúcidos, que permitem ligar as pontas da demência às da razão. Não posso deixar de desconfiar de todos. [...]

(A semana, 31 de maio de 1896)

1. **Nessa crônica, temos um tema que sempre chamou a atenção de Machado de Assis: a loucura. Por que o autor diz que a fuga dos loucos deixou-o sem "escoras"?**

2. **De forma bem-humorada, o cronista tocou numa questão muito séria. Qual?**

---

1 Orar: discursar, falar em público.
2 Elabora-se: aqui, significa "recupera-se, reconstrói-se".

[UM CASO MUITO ESPECIAL]

Achei um homem; vou apagar a lanterna[1]. [...]

E quando digo que o achei, digo pouco, todos nós o achamos, não dei com ele sozinho, mas todos, a cidade em peso, se é que a cidade em peso não tem coisa mais séria em que cuidar (os touros[2], por exemplo, o voltarete[3], o cosmorama[4]), o que de todo não é impossível.

E quando digo que o achei, erro; porque não o achei, não o vi, não o conheço, achei-o sem achar. Parece um enigma e é decerto enigma, mas dos que eu quisera ver-te fazer, leitor, se tens queda por tais ocupações.

Suponho no leitor uma alta dose de penetração[5], não me canso em explicar--lhe que o homem de que se trata é o incógnito benfeitor das órfãs da Santa Casa, o que deu 20.000$000[6], sem dar o seu nome.

Sem dar o seu nome! Este simples fato conquista a nossa admiração, não que ela esteja acima das forças humanas, é essa justamente a condição da caridade evangé-lica, em nome da qual os filhos do Evangelho inventaram a caridade nas gazetilhas[7].

Mas, na realidade, o caso é raro. Vinte contos dados assim, com simplicidade, sem uma notícia nas folhas públicas[8], sem duas barretadas[9], sem uma ode[10], sem nada;

---

1   Lanterna: alusão irônica ao filósofo grego Diógenes (412-323 a.C.), que andava pelas ruas de Atenas durante o dia, com uma lanterna acesa, dizendo que procurava um homem honesto.

2   Touros: alusão aos espetáculos de touradas.

3   Voltarete: tipo de jogo de cartas muito popular na época.

4   Cosmorama: nome que se dava a uma forma de observação de imagens (paisagens, caricaturas etc.) pintadas em vidro, através de um aparelho com lentes de aumento, refletidas por meio de espelhos. O cosmorama era exibido em várias cidades do Brasil e sempre atraía um grande público. No Rio de Janeiro, a moda dos cosmoramas começou na década de 1830.

5   Penetração: sagacidade, perspicácia.

6   20.000$000: vinte contos de réis, uma grande quantia na época.

7   Gazetilhas: seções de notícias de um jornal.

8   Folhas públicas: jornais.

9   Barretadas: saudações, cumprimentos.

10   Ode: tipo de composição poética em que geralmente se celebra um feito.

vinte contos que caem da algibeira[1] do benfeitor para as mãos dos beneficiados, sem passar pelos prelos[2], os bentos[3] prelos, os adoráveis prelos, que tudo contam, até as ações mais recônditas[4]? A ação é cristã; mas é tão rara como as pérolas.

Por isso digo: achei um homem. O anônimo da Santa Casa é o homem do Evangelho. Imagino-o com dois traços[5] principais: o espírito de caridade, que deve ser e é anônimo, e um certo desdém[6] para com os clarins da Fama, os rufos de tambor, os pífanos[7] da publicidade. Pois bem, esses dois traços característicos são duas forças. Quem as tem possui já de si uma grande riqueza.

E saiba agora o leitor que o ato do benfeitor da Santa Casa inspirou a um amigo meu um ato bonito.

Tinha ele uma escrava de 65 anos, que já lhe havia dado a ganhar sete ou oito vezes o custo. Fez anos e lembrou-se de libertar a escrava... de graça. De graça! Já isto é gentil. Ora, como só a mão direita soube do caso (a esquerda ignorou-o), travou da pena[8], molhou-a no tinteiro e escreveu uma notícia singela para os jornais indicando o fato, o nome da preta, o seu nome, o motivo do benefício, e este único comentário: "Ações desta merecem todo o louvor das almas bem formadas".

Coisas da mão direita!

Vai senão quando, o *Jornal do Comércio* dá notícia do ato anônimo da Santa Casa da Misericórdia, de que foi único confidente o seu ilustre provedor[9]. O meu amigo recuou; não mandou a notícia às gazetas. Somente, a cada conhecido que encontra acha ocasião de dizer que já não tem a Clarimunda.

— Morreu?

— Oh! Não!

— Libertaste-a?

— Falemos de outra coisa — interrompe ele vivamente —, vais hoje ao teatro? Exigir mais seria cruel.

(História de quinze dias, 15 de junho de 1877)

---

1   **Algibeira: bolso.**

2   **Passar pelos prelos: passar pelas máquinas de imprimir, isto é, pela imprensa.**

3   **Bentos: abençoados.**

4   **Recônditas: escondidas, ocultas.**

5   **Traços: características.**

6   **Desdém: desprezo.**

7   **Pífanos: pífaros, um tipo de flauta.**

8   **Travou da pena: pegou a pena de escrever.**

9   **Provedor: dirigente, isto é, só o diretor da Santa Casa sabia a identidade do doador.**

1. Por que o anonimato do doador empolgou o cronista?

2. Como se manifesta sua ironia no segundo parágrafo?

3. O caso do amigo do cronista pode ser considerado, de fato, "bonito"? Ou trata-se de um outro exemplo da ironia machadiana?

4. Você acha que, hoje em dia, é mais fácil ou mais difícil acontecer um caso como esse do doador anônimo? Por quê?

***

Opinião pública, eleição e analfabetismo combinam?

[ALFABETIZADOS E ANALFABETOS]

[...]

Gosto dos algarismos, porque não são de meias medidas nem de metáforas. Eles dizem as coisas pelo seu nome, às vezes um nome feio, mas não havendo outro, não o escolhem. São sinceros, francos, ingênuos. As letras fizeram-se para frases; o algarismo não tem frases, nem retórica.

Assim, por exemplo, um homem, o leitor ou eu, querendo falar do nosso país, dirá:

— Quando uma Constituição livre pôs nas mãos de um povo o seu destino, força é que este povo caminhe para o futuro com as bandeiras do progresso desfraldadas. A soberania nacional reside nas Câmaras; as Câmaras são a representação nacional. A opinião pública deste país é o magistrado último, o supremo tribunal dos homens e das coisas. Peço à nação que decida entre mim e o Sr. Fidélis Teles de Meireles Queles; ela possui nas mãos o direito superior a todos os direitos.

A isto responderá o algarismo com a maior simplicidade:

— A nação não sabe ler. Há só 30% dos indivíduos residentes neste país que podem ler; desses uns 9% não leem letra de mão. 70% jazem em profunda ignorância. Não saber ler é ignorar o Sr. Meireles Queles; é não saber o que ele vale, o que ele pensa, o que ele quer; nem se realmente pode querer ou pensar. 70% dos cidadãos votam do mesmo modo que respiram: sem saber por que nem o quê. Votam como vão à festa da Penha, — por divertimento. A Constituição é para eles uma coisa inteiramente desconhecida. Estão prontos para tudo: uma revolução ou um golpe de Estado.

Replico eu:

— Mas, Sr. Algarismo, creio que as instituições...

— As instituições existem, mas por e para 30% dos cidadãos. Proponho uma reforma no estilo político. Não se deve dizer: "consultar a nação, representantes da nação, os poderes da nação"; mas — "consultar os 30%, representantes dos 30%, poderes dos 30%". A opinião pública é uma metáfora sem base; há só a opinião dos 30%. Um deputado que disser na Câmara: "Sr. Presidente, falo deste modo porque os 30% nos ouvem..." dirá uma coisa extremamente sensata.

E eu não sei que se possa dizer ao algarismo, se ele falar desse modo, porque nós não temos base segura para os nossos discursos, e ele tem o recenseamento.

[...]

(História de quinze dias, 15 de agosto de 1876)

1. **Que consequências negativas vê o autor considerando-se a taxa de analfabetismo do país e a participação política da população?**

2. **Podemos dizer que esse problema continua a existir no Brasil de hoje? Por quê?**

***

O que é mais real: o que somos ou o que pensamos ser?

[REALIDADE E IMAGINAÇÃO]

[...]

Tivemos agora um caso mais particular: um fazendeiro rio-grandense deu um tiro na cabeça e desapareceu do número dos vivos. O telegrama nota que era homem de idade, — o que exclui qualquer paixão amorosa, conquanto as cãs[1] não sejam inimigas das moças; podem ser invejosas, mas inveja não é inimizade. [...] Além de idoso, o suicida era rico, isto é, aquele bem que a sabedoria filosófica reputa[2] o segundo da terra , ele o possuía em grau bastante para não padecer nos últimos da vida, ou antes para vivê-los à farta, entre os confortos do corpo e da boca. Não tinha moléstia alguma; nenhuma paixão política o atormentava. Qual a causa então do suicídio?

A causa foi a convicção que esse homem tinha de ser pobre. O telegrama chama-lhe mania, eu digo convicção. Qualquer, porém, que seja o nome, a verdade é que o fazendeiro rio-grandense, largamente proprietário, acreditava ser pobre, e daí o terror natural que traz a pobreza a uma pessoa que trabalhou por ser rica, viu chegar o dinheiro, crescer, multiplicar-se, e por fim começou a vê-lo desaparecer aos poucos, a mais e mais depressa, e totalmente. Note-se bem que não foi a ambição de possuir mais dinheiro que o levou à morte, — razão de si misteriosa, mas menos que a outra; foi a convicção de não ter nada.

Não abaneis a cabeça. A vossa incredulidade vem de que a fazenda do homem, os seus cavalos, as suas bolivianas[3], as suas letras[4] e apólices valiam realmente o que querem que valham; mas não fostes vós que vos matastes, foi ele e nada disso era vosso, mas do suicida. As causas têm o valor do aspecto, e o aspecto depende da retina. Ora, a retina daquele homem achou que os bens tão invejados de outros eram coisa nenhuma, e prevendo o pão alheio[5], a cama da rua, o travesseiro de pedra ou de lodo, preferiu ir buscar a outros climas melhor vida ou nenhuma, segundo a fé que tivesse.

O avesso deste caso é bem conhecido naquele cidadão de Atenas que não tinha nem possuía uma dracma[6], um pobre-diabo convencido de que todos os navios que entravam no Pireu[7] eram dele; não precisou mais para ser feliz. Ia ao porto, mirava os navios e não podia conter o júbilo que traz uma riqueza tão extraordinária. Todos os navios! Todos os navios eram seus! Não se lhe escureciam os olhos e todavia mal podia suportar a vista de tantas propriedades. Nenhum navio estranho; nenhum que se pudesse dizer de algum rico negociante ateniense. Esse opulento de barcos e ilusões comia de empréstimo ou de favor; mas não tinha tempo para distinguir entre o que lhe dava uma esmola e o seu criado. Daí veio que chegou ao fim da vida e morreu naturalmente e orgulhosamente.

---

1   **Cãs: cabelos brancos, isto é, a velhice.**
2   **Reputa: considera.**
3   **Bolivianas: moeda boliviana, de prata, que circulava pelo Rio Grande do Sul.**
4   **Letras: investimentos financeiros.**
5   **Prevendo o pão alheio: prevendo que teria que pedir comida aos outros.**
6   **Dracma: nome da antiga moeda grega.**
7   **Pireu: antigo e importante porto de Atenas.**

Os dois casos, por avessos que pareçam um ao outro, são o mesmo e único. A ilusão matou um, a ilusão conservou o outro; no fundo, há só a convicção que ordena os atos. Assim é que um pobretão, crendo ser rico, não padece miséria alguma, e um opulento, crendo ser pobre, dá cabo[1] da vida para fugir à mendicidade[2]. Tudo é reflexo da consciência.

Não mofeis[3] de mim, se achais aí um ar de sermão ou filosofia. O meu fim não é só contar os atos ou comentá-los; onde houver uma lição útil é meu gosto e dever tirá-la e divulgá-la como um presente aos leitores: é o que faço aqui. A lição que eu tirar pode ter a existência do cavalo do pampa ou a do navio do Pireu: toda a questão é que valha por uma realidade, aos olhos do fazendeiro do sul e do cidadão de Atenas.

A lição é que não peçais nunca dinheiro grosso[4] aos deuses, senão com a cláusula expressa de saber que é dinheiro grosso. Sem ela, os bens são menos que as flores de um dia. Tudo vale pela consciência. Nós não temos outra prova do mundo que nos cerca senão a que resulta do reflexo dele em nós: é a filosofia verdadeira. Todo Rothschild and Sons[5], nossos credores, valeriam menos que os nossos criados, se não possuíssem a certeza luminosa de que são muito ricos. [...]

Passai das riquezas materiais às intelectuais: é a mesma coisa. Se o mestre-escola da tua rua imaginar que não sabe vernáculo nem latim, em vão lhe provarás que ele escreve como Vieira[6] ou Cícero[7], ele perderá as noites e os sonos em cima dos livros, comerá as unhas em vez de pão, encanecerá[8] ou encalvecerá[9], e morrerá sem crer que mal distingue o verbo do advérbio. Ao contrário, se o teu copeiro acreditar que escreveu os Lusíadas[10], lerá com orgulho (se souber ler) as estâncias[11] do poeta; repeti-las-á de cor, interrogará o teu rosto, os teus gestos, as tuas meias

---

1   Dá cabo: dá fim.
2   Mendicidade: mendicância; estado de mendigo.
3   Mofeis: zombeis.
4   Dinheiro grosso: fortuna, riqueza.
5   Rothschild and Sons: poderoso banco da família Rothschild, fundado em Londres em 1811. Muitos países contraíam dívidas com esse banco. O Brasil foi um deles; por isso, o cronista diz que eles eram "nossos credores".
6   Vieira: padre Antônio Vieira (1608-1697), escritor e orador, um dos grandes nomes da literatura em língua portuguesa.
7   Cícero: Marco Túlio Cícero (106-43 a.C.), importante escritor, orador e filósofo romano.
8   Encanecerá: ficará velho.
9   Encalvecerá: ficará calvo.
10   Os lusíadas: o mais famoso poema da literatura portuguesa, escrito por Luís de Camões (1524-1580).
11   Estâncias: estrofes.

palavras, ficará por horas diante dos mostradores[1] mirando os exemplares do poema exposto. Só meterá em processo os editores se não supuser que ele é o próprio Camões: tendo essa persuasão, não fará mais que ler aquele nome tão bem visto de todos, abençoá-lo em si mesmo; ouvi-lo aos outros, acordado e dormindo.

Que diferença achais entre o mestre-escola e seu copeiro? Consciência pura. Os frívolos, crentes de que a verdade é o que todos aceitam, dirão que é mania de ambos, como o telegrama mandou dizer do fazendeiro do Sul, como os antigos diriam do cidadão de Atenas. A verdade, porém, é o que deveis saber, uma impressão interior. O povo, que diz as coisas por modo simples e expressivo, inventou aquele adágio[2]: Quem o feio ama, bonito lhe parece. Logo, qual é a verdade estética? É a que ele vê, não a que lhe demonstrais.

A conclusão é que o que parece desmentir a natureza da parte de um homem que se elimina por supor que empobreceu, não é mais que a sua própria confirmação. Já não possuía nada o suicida. A contabilidade interior usa regras às vezes diversas da exterior, diversas e contrárias. 20 com 20 podem somar 40, mas também podem somar 5 ou 3, e até 1, por mais absurdo que este total pareça; a alma é que é tudo, amigo meu [...]. Assim, e pela última vez, repito que vos não limiteis a pedir bens simples, mas também a consciência deles. Se eles não puderem vir, venha ao menos a consciência. Antes um navio no Pireu que cem cavalos no pampa.

(*A semana*, 22 de novembro de 1896)

1. **Pode-se dizer que essa é uma crônica com intenções filosóficas? Por quê?**

2. **Por que o cronista afirma que o caso do fazendeiro com relação aos seus bens materiais também pode ocorrer no campo intelectual? Como ele justifica sua afirmação?**

---

1 Mostradores: vitrinas das lojas.
2 Adágio: ditado, provérbio.

O RIO DE JANEIRO NA ÉPOCA DE MACHADO DE ASSIS

Os cariocas estavam rodeados de belezas naturais, mas não era fácil viver na pequena cidade do Rio de Janeiro na época de Machado de Assis.

Nas ruas estreitas, havia sujeira por toda parte. Em muitos pontos, as praias cheiravam mal porque eram usadas como depósito de lixo de toda a espécie. O forte calor, principalmente no verão, incomodava a maioria da população, que era pobre e vivia em casas pequenas, sem ventilação adequada. Várias doenças atormentavam os cariocas, como tuberculose, cólera e febre amarela, tirando a vida de muita gente.

Em 1854, foi inaugurada a primeira estrada de ferro do Brasil, a terceira da América do Sul. Ela ligava o Rio de Janeiro a Petrópolis, uma pequena cidade serrana, de bons ares, que se converteu num local de veraneio e refúgio da aristocracia e da classe alta na época do verão.

A presença constante dos escravos

Nessa época, a cidade do Rio de Janeiro, capital do Brasil, onde vivia o imperador D. Pedro II com sua corte, tinha aproximadamente 270 mil habitantes. Cerca de 110 mil, quase a metade, era composta de escravos, negros capturados na África e trazidos à força por mar, para serem vendidos em mercados. Esse comércio desumano durou do início da colonização até 1854, quando uma lei pôs fim ao tráfico negreiro.

Os escravos estavam por toda parte, trabalhando, vendendo coisas, carregando fardos, transportando mercadorias. Eram eles que faziam todo o trabalho braçal. E não era raro ver alguns andando pelas ruas com máscaras de lata ou correntes de ferro nos pés: eram escravos que tinham sido castigados por seus donos.

IMPERADOR
D. PEDRO II
(1825-1891).

© Marc Ferrez – Instituto Moreira Salles, Rio de Janeiro

CALCETEIROS, DE DEBRET.

O FRANCÊS JEAN-BAPTISTE DEBRET PINTOU VÁRIOS QUADROS QUE MOSTRAVAM CENAS DE ESCRAVOS TRABALHANDO OU VENDENDO MERCADORIAS.

AQUI, DEBRET RETRATA UM ESCRAVO SENDO CASTIGADO.

Meios de transporte

Para se locomover de um ponto a outro da cidade, as pessoas usavam cavalos e até mulas. Na cidade, havia o serviço dos tílburis, uma espécie de táxi, que era puxado por cavalos. Mas esse meio de transporte era reservado aos ricos. A maioria usava as gôndolas, um tipo de ônibus que circulava pela cidade puxado por burros.

Outro meio de transporte acessível aos ricos eram as cadeirinhas, carregadas por escravos.

CENA DE RUA COM TÍLBURI E CADEIRINHA.

BONDE PUXADO POR BURRO.

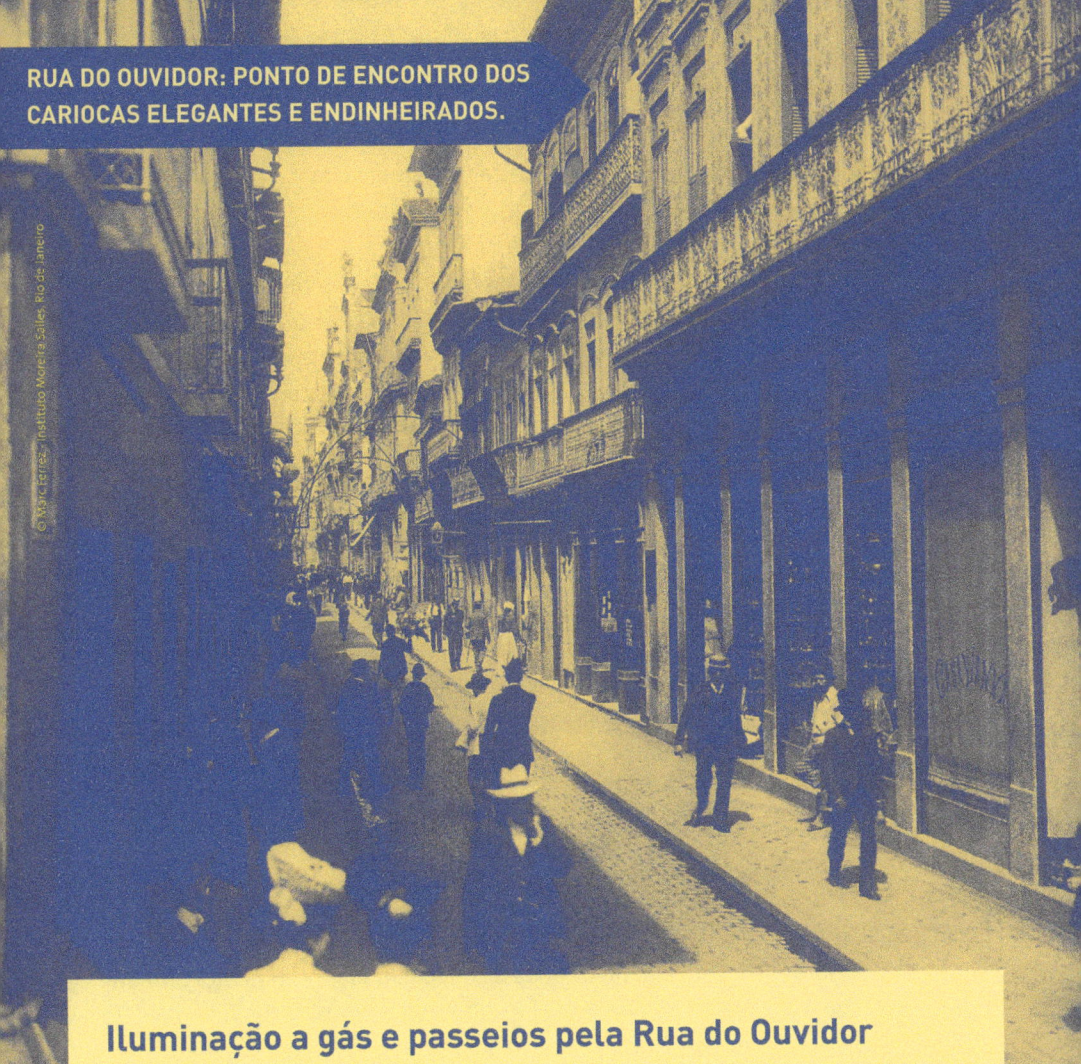

© Marc Ferrez – Instituto Moreira Salles, Rio de Janeiro

Iluminação a gás e passeios pela Rua do Ouvidor

Por volta de 1850, a iluminação a gás começou a substituir os velhos lampiões de pavio de óleo que soltavam fumaça. Em poucos anos, as ruas, os edifícios públicos, os teatros e as lojas passaram a ser iluminados a gás, dando um aspecto mais moderno ao centro da cidade.

A rua mais movimentada e elegante era a do Ouvidor, onde havia cafés, confeitarias, lojas sofisticadas de artigos importados. Era lá que os ricos iam passear e encontrar os amigos. Era também onde costureiras e alfaiates atendiam os clientes, que vinham encomendar trajes inspirados na moda europeia. É claro que os fraques e coletes masculinos e os vestidos femininos não eram adequados ao calor do Rio de Janeiro, mas eram chiques e serviam para mostrar quem era rico e quem não era...

O Rio era uma cidade festiva e cheia de novidades. Havia os bailes e desfiles de carnaval, que alegravam os cariocas. Durante algum tempo, houve também a "febre" da patinação e até espetáculos de tourada! Todos esses eventos, aliás, eram comentados por Machado de Assis em suas crônicas.

Os banhos de mar também atraíam muitas pessoas. De novembro a março, a praia do Flamengo era o ponto mais concorrido. Mas o sol forte era muito temido, por isso os banhistas chegavam bem cedo e iam embora assim que começasse a esquentar.

Dois europeus que estiveram no Rio de Janeiro assim descreveram um banho de mar dessa época:

"Antes que o sol desponte acima dos morros, uma fila de homens, mulheres e crianças desce as ruas para tomar banho nas claras águas salgadas da baía. As senhoras que vêm de lugares mais distantes se fazem acompanhar de escravos, que carregam as barracas, armando-as na praia; as senhoras vestem então as suas roupas de banho e soltam suas longas tranças pretas. Elas se mostram elegantemente vestidas, com roupas feitas de um tecido escuro. (...) Os cavalheiros são obrigados pelo regulamento da polícia a se vestirem decentemente (...). É divertido verem-se as moças e os rapazes brasileiros entregando-se, pelo menos uma vez, a alguma atividade — correndo pela praia, soltando gritos de prazer toda vez que uma onda mais pesada rola por cima de um grupo e os atira cambaleando por sobre a areia. Os banhistas derrubados fincam os pés nervosamente na areia, para não serem arrastados pelo recuo das ondas. De vez em quando, algum gaiato grita: "Tubarão!", molhando as senhoras, para provocar o riso dos garotos (...).

Às sete horas, já o sol está alto, e toda a movimentada multidão foi embora. As pretas que acompanham as senhoras geralmente entram na água ao mesmo tempo que elas. Nas noites de luar, o mar se anima com vários pontos pretos, que são as cabeças dos escravos da redondeza, que se espanejam na água, rindo e gritando à vontade. Todos eles nadam notavelmente bem, e dá satisfação ouvir as suas vozes, soltas alegremente como se não conhecessem tristezas".

O carnaval

O carnaval aos poucos foi se tornando a grande festa popular do Rio de Janeiro. No começo, a farra consistia em guerras de limão de cheiro, que eram bolas de cera cheias de água perfumada. Adultos e crianças, homens e mulheres, escravos ou não, todos participavam dessas brincadeiras.

O artista francês Jean-Baptiste Debret registrou várias cenas de carnaval na cidade durante o período em que viveu no Brasil, de 1816 a 1831, como se pode ver nestas suas pinturas: em uma delas, um homem passa polvilho no rosto de uma jovem, que tenta escapar sem deixar cair o cesto que leva na cabeça. Na outra obra, acontece um desfile de escravos que tocam, cantam e dançam pelas ruas.

Aos poucos, o carnaval foi se popularizando até se transformar numa festa de todas as classes sociais, com bailes, desfiles de carros, pessoas fantasiadas etc.

As obras do pintor Jean-Baptiste Debret (1768-1848) constituem um precioso registro do cotidiano carioca.

© Coleção particular, Paris, França

© Jean-Baptiste Debret – Museu Castro Maya, Rio de Janeiro

© Jean-Baptiste Debret – Museu Castro Maya, Rio de Janeiro

© Augusto Malta – Instituto Moreira Salles, Rio de Janeiro

Desfile de carros num dos carnavais do final do século XIX.

CONTOS

"**Eu gosto de catar o mínimo e o escondido. Onde ninguém mete o nariz, aí entra o** meu, com a curiosidade estreita e aguda que descobre o encoberto."

Essa afirmação de Machado de Assis pode servir de resumo da característica principal de sua literatura: o desejo de investigar o que move realmente o comportamento das pessoas, em revelar as intenções secretas que estão por trás dos atos humanos. Essa profunda análise psicológica do mundo interior do ser humano é quase sempre marcada pela ironia, que é um meio de provocar o leitor e fazê-lo pensar naquilo que o texto sugere. Machado vai além das aparências para sondar os verdadeiros motivos do comportamento humano.

Dono de grande talento para a história curta, Machado teve uma rica produção de contos, e alguns deles são considerados verdadeiras obras-primas do gênero. É o que você poderá conferir lendo os contos apresentados a seguir.[1]

---

[1] Todos os textos foram extraídos de *Obra completa*, volume III, Rio de Janeiro: Aguilar, 1973.

> **"Senti que os cabelos me ficavam de pé. Minutos depois, vi três ou quatro vultos de pessoas, no terreiro, espiando, com ar de emboscada; recuei, os vultos esvaíram-se no ar; era uma alucinação".**

O ENFERMEIRO[1]

Parece-lhe então que o que se deu comigo em 1860 pode entrar numa página de livro? Vá que seja, com a condição única de que não há de divulgar nada antes da minha morte. Não esperará muito, pode ser que oito dias, se não for menos; estou desenganado[2].

Olhe, eu podia mesmo contar-lhe a minha vida inteira, em que há outras coisas interessantes, mas para isso era preciso tempo, ânimo e papel, e eu só tenho papel; o ânimo é frouxo, e o tempo assemelha-se à lamparina de madrugada. Não tarda o sol do outro dia, um sol dos diabos, impenetrável como a vida. Adeus, meu caro senhor, leia isto e queira-me bem; perdoe-me o que lhe parecer mau, e não maltrate muito a arruda, se lhe não cheira a rosas. Pediu-me um documento humano, ei-lo aqui. Não me peça também o império do Grão-Mogol[3], nem a fotografia dos Macabeus[4], peça, porém, os meus sapatos de defunto e não os dou a ninguém mais.

Já sabe que foi em 1860. No ano anterior, ali pelo mês de agosto, tendo eu quarenta e dois anos, fiz-me teólogo[5] — quero dizer, copiava os estudos de teologia de um padre de Niterói, antigo companheiro de colégio, que assim me dava, delicadamente, casa, cama e mesa. Naquele mês de agosto de 1859, recebeu ele uma carta de um vigário de certa vila do interior, perguntando se conhecia pessoa entendida, discreta e paciente, que quisesse ir servir de enfermeiro ao coronel Felisberto,

---

1 Texto e notas reproduzidos do conto *O enfermeiro*, publicado na nova edição do livro *A cartomante e outros contos*, São Paulo: Ed. Moderna, 2015.
2 Desenganado: com doença incurável.
3 Grão-Mogol: nome pelo qual é conhecido o império estabelecido na Índia no século XVI.
4 Macabeus: nome de uma família de hebreus do século II a.C., cuja história está no *Livro dos Macabeus*, no Antigo Testamento.
5 Teólogo: que estuda teologia, isto é, a ciência da religião.

mediante um bom ordenado. O padre falou-me, aceitei com ambas as mãos, estava já enfarado[1] de copiar citações latinas e fórmulas eclesiásticas. Vim à Corte despedir-me de um irmão, e segui para a vila.

Chegando à vila, tive más notícias do coronel. Era homem insuportável, estúrdio[2], exigente, ninguém o aturava, nem os próprios amigos. Gastava mais enfermeiros que remédios. A dois deles quebrou a cara. Respondi que não tinha medo de gente sã, menos ainda de doentes; e depois de entender-me com o vigário, que me confirmou as notícias recebidas, e me recomendou mansidão e caridade, segui para a residência do coronel.

Achei-o na varanda da casa estirado numa cadeira, bufando muito. Não me recebeu mal. Começou por não dizer nada; pôs em mim dois olhos de gato que observa; depois, uma espécie de riso maligno alumiou-lhe as feições, que eram duras. Afinal, disse-me que nenhum dos enfermeiros que tivera prestava para nada, dormiam muito, eram respondões e andavam ao faro das escravas[3]; dois eram até gatunos[4]!

— Você é gatuno?

— Não, senhor.

Em seguida, perguntou-me pelo nome: disse-lho e ele fez um gesto de espanto. Colombo? Não, senhor: Procópio José Gomes Valongo. Valongo? achou que não era nome de gente, e propôs chamar-me tão somente Procópio, ao que respondi que estaria pelo que fosse de seu agrado. Conto-lhe essa particularidade, não só porque me parece pintá-lo bem, como porque a minha resposta deu de mim a melhor ideia ao coronel. Ele mesmo o declarou ao vigário, acrescentando que eu era o mais simpático dos enfermeiros que tivera. A verdade é que vivemos uma lua de mel de sete dias.

No oitavo dia, entrei na vida dos meus predecessores[5], uma vida de cão, não dormir, não pensar em mais nada, recolher injúrias[6] e, às vezes, rir delas com um ar de resignação e conformidade; reparei que era um modo de lhe fazer corte[7]. Tudo impertinências da moléstia e do temperamento. A moléstia era um rosário delas[8], padecia de aneurisma, de reumatismo e de três ou quatro afecções menores. Tinha perto de sessenta anos, e desde os cinco toda a gente lhe fazia a vontade. Se fosse

1   Enfarado: aborrecido.
2   Estúrdio: esquisito.
3   Andavam ao faro das escravas: andavam atrás das escravas.
4   Gatunos: ladrões.
5   Predecessores: aqueles que trabalharam na casa antes dele.
6   Injúrias: ofensas.
7   Fazer corte: agradar.
8   Um rosário delas: uma série delas.

só rabugento, vá; mas ele era também mau, deleitava-se com a dor e a humilhação dos outros. No fim de três meses estava farto de o aturar; determinei vir embora; só esperei ocasião.

Não tardou a ocasião. Um dia, como lhe não desse a tempo uma fomentação[1], pegou da bengala e atirou-me dois ou três golpes. Não era preciso mais; despedi-me imediatamente, e fui aprontar a mala. Ele foi ter comigo, ao quarto, pediu-me que ficasse, que não valia a pena zangar por uma rabugice de velho. Instou[2] tanto que fiquei.

— Estou na dependura[3], Procópio — dizia-me ele à noite. — Não posso viver muito tempo. Estou aqui, estou na cova. Você há de ir ao meu enterro, Procópio; não o dispenso por nada. Há de ir, há de rezar ao pé da minha sepultura. Se não for — acrescentou rindo — eu voltarei de noite para lhe puxar as pernas. Você crê em almas de outro mundo, Procópio?

— Qual o quê!

— E por que é que não há de crer, seu burro? — redarguiu[4] vivamente, arregalando os olhos.

Eram assim as pazes; imagine a guerra. Coibiu-se das bengaladas[5]; mas as injúrias ficaram as mesmas, se não piores. Eu, com o tempo, fui calejando, e não dava mais por nada; era burro, camelo, pedaço d´asno, idiota, moleirão, era tudo. Nem, ao menos, havia mais gente que recolhesse uma parte desses nomes. Não tinha parentes; tinha um sobrinho que morreu tísico[6], em fins de maio ou princípios de junho, em Minas. Os amigos iam por lá às vezes aprová-lo, aplaudi-lo, e nada mais; cinco, dez minutos de visita. Restava eu; era eu sozinho para um dicionário inteiro. Mais de uma vez resolvi sair; mas, instado pelo vigário[7], ia ficando.

Não só as relações foram-se tornando melindrosas, mas eu estava ansioso por tornar à Corte. Aos quarenta e dois anos, não é que havia de acostumar-me à reclusão constante, ao pé de um doente bravio, no interior. Para avaliar o meu isolamento, basta saber que eu nem lia os jornais; salvo alguma notícia mais importante que levavam ao coronel, eu nada sabia do resto do mundo. Entendi, portanto, voltar para a Corte, na primeira ocasião, ainda que tivesse de brigar com o vigário. Bom é dizer (visto que faço uma confissão geral) que, nada gastando e tendo guardado integralmente os ordenados, estava ansioso por vir dissipá-los[8] aqui.

1 Fomentação: fricção com pomada ou remédio.
2 Instou: insistiu.
3 Estou na dependura: estou nas últimas, próximo da morte.
4 Redarguiu: respondeu, replicou.
5 Coibiu-se das bengaladas: parou de dar bengaladas.
6 Tísico: tuberculoso.
7 Instado pelo vigário: a pedido do vigário.
8 Dissipá-los: gastá-los.

Era provável que a ocasião aparecesse. O coronel estava pior, fez testamento, descompondo[1] o tabelião quase tanto como a mim. O trato era mais duro, os breves lapsos de sossego e brandura faziam-se raros. Já por esse tempo tinha eu perdido a escassa dose de piedade que me fazia esquecer os excessos do doente; trazia dentro de mim um fermento de ódio e aversão. No princípio de agosto resolvi definitivamente sair; o vigário e o médico, aceitando as razões, pediram-me que ficasse algum tempo mais. Concedi-lhes um mês; no fim de um mês viria embora, qualquer que fosse o estado do doente. O vigário tratou de procurar-me substituto.

Vai ver o que aconteceu. Na noite de vinte e quatro de agosto, o coronel teve um acesso de raiva, atropelou-me[2], disse-me muito nome cru[3], ameaçou-me de um tiro, e acabou atirando-me um prato de mingau, que achou frio; o prato foi cair na parede, onde se fez em pedaços.

— Hás de pagá-lo, ladrão! — bradou ele.

Resmungou ainda muito tempo. Às onze horas passou pelo sono. Enquanto ele dormia, saquei um livro do bolso, um velho romance de d'Arlincourt[4], traduzido, que lá achei, e pus-me a lê-lo, no mesmo quarto, a pequena distância da cama; tinha de acordá-lo à meia-noite para lhe dar o remédio. Ou fosse do cansaço, ou do livro, antes de chegar ao fim da segunda página adormeci também. Acordei aos gritos do coronel, e levantei-me estremunhado[5]. Ele, que parecia delirar, continuou nos mesmos gritos, e acabou por lançar mão da moringa e arremessá-la contra mim. Não tive tempo de desviar-me; a moringa bateu-me na face esquerda, e tal foi a dor que não vi mais nada; atirei-me ao doente, pus-lhe as mãos ao pescoço, lutamos, e esganei-o.

Quando percebi que o doente expirava, recuei aterrado, e dei um grito; mas ninguém me ouviu. Voltei à cama, agitei-o para chamá-lo à vida, era tarde, arrebentara o aneurisma[6], e o coronel morreu. Passei à sala contígua, e durante duas horas não ousei voltar ao quarto. Não posso mesmo dizer tudo o que passei, durante esse tempo. Era um atordoamento, um delírio vago e estúpido. Parecia-me que as paredes tinham vultos; escutava umas vozes surdas. Os gritos da vítima, antes da luta e durante a luta, continuavam a repercutir dentro de mim, e o ar, para onde quer que me voltasse, parecia recortado de convulsões. Não creia que esteja fazendo imagens nem estilo[7]; digo-lhe que eu ouvia distintamente umas vozes que me bradavam: assassino! assassino!

---

1   Descompondo: ofendendo, insultando.
2   Atropelou-me: empurrou-me.
3   Nome cru: ofensa, xingamento.
4   Visconde d'Arlincourt (Charles-Victor Prévot, 1788-1856): escritor francês.
5   Estremunhado: meio tonto de sono.
6   Aneurisma: dilatação anormal de uma artéria.
7   Fazendo imagens nem estilo: usando uma linguagem figurada.

Tudo o mais estava calado. O mesmo som do relógio, lento, igual e seco, sublinhava o silêncio e a solidão. Colava a orelha à porta do quarto na esperança de ouvir um gemido, uma palavra, uma injúria, qualquer coisa que significasse a vida, e me restituísse a paz à consciência. Estaria pronto a apanhar das mãos do coronel, dez, vinte, cem vezes. Mas nada, nada; tudo calado. Voltava a andar à toa, na sala, sentava-me, punha as mãos na cabeça; arrependia-me de ter vindo. "Maldita a hora em que aceitei semelhante coisa!", exclamava. E descompunha o padre de Niterói, o médico, o vigário, os que me arranjaram um lugar, e os que pediram para ficar mais algum tempo. Agarrava-me à cumplicidade dos outros homens.

Como o silêncio acabasse por aterrar-me, abri uma das janelas, para escutar o som do vento, se ventasse. Não ventava. A noite ia tranquila, as estrelas fulguravam, com a indiferença de pessoas que tiram o chapéu a um enterro que passa, e continuam a falar de outra coisa. Encostei-me ali por algum tempo, fitando a noite, deixando-me ir a uma recapitulação da vida, a ver se descansava da dor presente. Só então posso dizer que pensei claramente no castigo. Achei-me com um crime às costas e vi a punição certa. Aqui o temor complicou o remorso. Senti que os cabelos me ficavam de pé. Minutos depois, vi três ou quatro vultos de pessoas, no terreiro, espiando, com um ar de emboscada; recuei, os vultos esvaíram-se[1] no ar; era uma alucinação.

Antes do alvorecer curei a contusão da face. Só então ousei voltar ao quarto. Recuei duas vezes, mas era preciso e entrei; ainda assim, não cheguei logo à cama. Tremiam-me as pernas, o coração batia-me; cheguei a pensar na fuga; mas era confessar o crime, e, ao contrário, urgia[2] fazer desaparecer os vestígios dele. Fui até a cama; vi o cadáver, com os olhos arregalados e a boca aberta, como deixando passar a eterna palavra dos séculos: "Caim, que fizeste de teu irmão[3]?" Vi no pescoço o sinal das minhas unhas; aboteoi-lhe alto a camisa e cheguei ao queixo a ponta do lençol. Em seguida, chamei um escravo, disse-lhe que o coronel amanhecera morto; mandei recado ao vigário e ao médico.

A primeira ideia foi retirar-me logo cedo, a pretexto de ter meu irmão doente, e, na verdade, recebera carta dele, alguns dias antes, dizendo-me que se sentia mal. Mas adverti que a retirada imediata poderia fazer despertar suspeitas, e fiquei. Eu mesmo amortalhei[4] o cadáver, com o auxílio de um preto velho e míope[5]. Não saí

1   Esvaíram-se: sumiram.
2   Urgia: era urgente.
3   "Caim, que fizeste de teu irmão?": pergunta feita por Deus a Caim, que tinha acabado de matar Abel. Essa passagem está na Bíblia, no livro de Gênesis, 4:10.
4   Amortalhei: vesti.
5   Que importância tem, nesse momento do conto, o uso do adjetivo "míope" com relação ao escravo?

da sala mortuária; tinha medo de que descobrissem alguma coisa. Queria ver no rosto dos outros se desconfiavam; mas não ousava fitar ninguém. Tudo me dava impaciência: os passos de ladrão com que entravam na sala, os cochichos, as cerimônias e as rezas do vigário. Vindo a hora, fechei o caixão, com as mãos trêmulas, tão trêmulas que uma pessoa, que reparou nelas, disse a outra com piedade:

— Coitado do Procópio! apesar do que padeceu, está muito sentido.

Pareceu-me ironia; estava ansioso por ver tudo acabado. Saímos à rua. A passagem da meia-escuridão da casa para a claridade da rua deu-me grande abalo; receei que fosse então impossível ocultar o crime. Meti os olhos no chão, e fui andando. Quando tudo acabou, respirei. Estava em paz com os homens. Não o estava com a consciência e as primeiras noites foram naturalmente de desassossego e aflição. Não é preciso dizer que vim logo para o Rio de Janeiro, nem que vivi aqui aterrado, embora longe do crime; não ria, falava pouco, mal comia, tinha alucinações, pesadelos...

— Deixa lá o outro que morreu — diziam-me. — Não é caso para tanta melancolia.

E eu aproveitava a ilusão, fazendo muitos elogios ao morto, chamando-lhe boa criatura, impertinente, é verdade, mas um coração de ouro. E, elogiando, convencia-me também, ao menos por alguns instantes. Outro fenômeno interessante, e que talvez lhe possa aproveitar, é que, não sendo religioso, mandei dizer uma missa pelo eterno descanso do coronel, na igreja do Sacramento. Não fiz convites, não disse nada a ninguém; fui ouvi-la, sozinho, e estive de joelhos todo o tempo, persignando-me a miúdo[1]. Dobrei a espórtula[2] do padre, e distribuí esmolas à porta, tudo por intenção do finado. Não queria embair[3] os homens; a prova é que fui só. Para completar esse ponto, acrescentarei que nunca aludia[4] ao coronel, que não dissesse: "Deus lhe fale n'alma!" E contava dele algumas anedotas alegres, rompantes[5] engraçados...

Sete dias depois de chegar ao Rio de Janeiro, recebi a carta do vigário, que lhe mostrei, dizendo-me que fora achado o testamento do coronel, e que eu era o herdeiro universal[6]. Imagine o meu pasmo. Pareceu-me que lia mal, fui a meu irmão, fui aos amigos; todos leram a mesma coisa. Estava escrito: era eu o herdeiro universal do coronel. Cheguei a supor que fosse uma cilada; mas adverti logo que havia outros meios de capturar-me, se o crime estivesse descoberto. Demais, eu conhecia

---

1   Persignando-me a miúdo: fazendo o sinal da cruz a todo instante.
2   Espórtula: donativo.
3   Embair: enganar, iludir.
4   Aludia: referia-me.
5   Rompantes: reações.
6   Herdeiro universal: único herdeiro de tudo.

a probidade[1] do vigário, que não se prestaria a ser instrumento. Reli a carta, cinco, dez, muitas vezes; lá estava a notícia.

— Quanto tinha ele? — perguntava-me meu irmão.

— Não sei, mas era rico.

— Realmente, provou que era teu amigo.

— Era... Era...

Assim, por uma ironia da sorte, os bens do coronel vinham parar às minhas mãos. Cogitei[2] em recusar a herança. Parecia-me odioso receber um vintém de tal espólio; era pior do que fazer-me esbirro[3] alugado. Pensei nisso três dias, e esbarrava sempre na consideração de que a recusa podia fazer desconfiar alguma coisa. No fim dos três dias, assentei num meio-termo: receberia a herança e dá-la-ia toda, aos bocados e às escondidas. Não era só escrúpulo; era também o modo de resgatar o crime por um ato de virtude; pareceu-me que ficava assim de contas saldas.

Preparei-me e segui para a vila. Em caminho, à proporção que me ia aproximando, recordava o triste sucesso[4]; as cercanias da vila tinham um aspecto de tragédia, e a sombra do coronel parecia-me surgir de cada lado. A imaginação ia reproduzindo as palavras, os gestos, toda a noite horrenda do crime...

Crime ou luta? Realmente, foi uma luta em que eu, atacado, defendi-me, e na defesa... Foi uma luta desgraçada, uma fatalidade. Fixei-me nessa ideia. E balanceava os agravos[5], punha no ativo as pancadas, as injúrias... Não era culpa do coronel, bem o sabia, era da moléstia, que o tornava assim rabugento e até mau... Mas eu perdoava tudo, tudo... O pior foi a fatalidade daquela noite... Considerei também que o coronel não podia viver muito mais; estava por pouco; ele mesmo o sentia e dizia. Viveria quanto? Duas semanas, ou uma; pode ser até que menos. Já não era vida, era um molambo[6] de vida, se isso mesmo se podia chamar ao padecer contínuo do pobre homem... E quem sabe mesmo se a luta e a morte não foram apenas coincidentes? Podia ser, era até o mais provável; não foi outra coisa. Fixei-me também nessa ideia...

Perto da vila apertou-se-me o coração, e quis recuar; mas dominei-me e fui. Receberam-me com parabéns. O vigário disse-me as disposições do testamento, os legados pios[7], e de caminho ia louvando a mansidão cristã e o zelo com que eu servira o coronel, que, apesar de áspero e duro, soube ser grato.

1   **Probidade: honestidade, integridade.**
2   **Cogitei: pensei.**
3   **Esbirro: capanga, matador.**
4   **Sucesso: acontecimento.**
5   **Balanceava os agravos: pesava ou considerava as ofensas.**
6   **Molambo: farrapo.**
7   **Legados pios: donativos piedosos (deixados pelo coronel à Igreja).**

— Sem dúvida — dizia eu, olhando para outra parte.

Estava atordoado. Toda a gente me elogiava a dedicação e a paciência. As primeiras necessidades do inventário detiveram-me algum tempo na vila. Constituí advogado; as coisas correram placidamente. Durante esse tempo, falava muita vez do coronel. Vinham contar-me coisas dele, mas sem a moderação do padre; eu defendia-o, apontava algumas virtudes, era austero...

— Qual austero! Já morreu, acabou; mas era o diabo.

E referiam-me casos duros, ações perversas, algumas extraordinárias. Quer que lhe diga? Eu, a princípio, ia ouvindo cheio de curiosidade; depois, entrou-me no coração um singular prazer, que eu, sinceramente, buscava expelir. E defendia o coronel, explicava-o, atribuía alguma coisa às rivalidades locais; confessava, sim, que era um pouco violento... Um pouco? Era uma cobra assanhada, interrompia-me o barbeiro; e todos, o coletor, o boticário, o escrivão, todos diziam a mesma coisa; e vinham outras anedotas, vinha toda a vida do defunto. Os velhos lembravam-se das crueldades dele, em menino. E o prazer íntimo, calado, insidioso[1], crescia dentro de mim, espécie de tênia[2] moral, que por mais que a arrancasse aos pedaços, recompunha-se logo e ia ficando.

As obrigações do inventário distraíram-me; e por outro lado a opinião da vila era tão contrária ao coronel, que a vista dos lugares foi perdendo para mim a feição tenebrosa que a princípio achei neles. Entrando na posse da herança, converti-a em títulos e dinheiro. Eram então passados muitos meses, e a ideia de distribuí-la toda em esmolas e donativos pios não me dominou como da primeira vez; achei mesmo que era afetação[3]. Restringi o plano primitivo: distribuí alguma coisa aos pobres, dei à matriz da vila uns paramentos[4] novos, fiz uma esmola à Santa Casa da Misericórdia, etc.: ao todo trinta e dois contos. Mandei também levantar um túmulo ao coronel, todo de mármore, obra de um napolitano, que aqui esteve até 1866, e foi morrer, creio eu, no Paraguai.

Os anos foram andando, a memória tornou-se cinzenta e desmaiada. Penso às vezes no coronel, mas sem os terrores dos primeiros dias. Todos os médicos a quem contei as moléstias dele foram acordes em que a morte era certa, e só se admiravam de ter resistido tanto tempo. Pode ser que eu, involuntariamente, exagerasse a descrição que então lhes fiz; mas a verdade é que ele devia morrer, ainda que não fosse aquela fatalidade...

Adeus, meu caro senhor. Se achar que esses apontamentos valem alguma coisa, pague-me também com um túmulo de mármore, ao qual dará por epitáfio[5] esta

---

1   Insidioso: **traiçoeiro.**
2   Tênia: **verme.**
3   Afetação: **exagero.**
4   Paramentos: **ornamentos.**
5   Epitáfio: **inscrição no túmulo.**

emenda que faço aqui ao divino sermão da montanha: "Bem-aventurados os que possuem, porque eles serão consolados".

1. Ao perceber que matara o coronel, que sentimento tomou conta de Procópio? Ao pensar na punição de seu crime, porém, que outro sentimento abafou o primeiro?

2. Depois da morte do coronel, as atitudes de Procópio começam a ter dois motivos: o verdadeiro, que só ele conhece, e o falso, atribuído pelas outras pessoas. Procópio, evidentemente, não revela o que se passa dentro dele e mantém as aparências. Em vista disso, explique:

   a) Que motivo levou Procópio a ficar triste e calado no Rio de Janeiro, sofrendo até pesadelos? Como as outras pessoas explicavam esse comportamento?

   b) Por que Procópio passou a elogiar frequentemente o coronel? E como esses elogios eram entendidos pelos outros?

3. Ao receber a notícia da herança, Procópio decidiu doá-la aos pobres, aos poucos. O que o levou a pensar assim? E por que ele mudou de ideia com o tempo?

4. No começo do conto, o narrador diz: "Pediu-me um documento humano, ei-lo aqui". Que documento humano é esse? O que ele revela sobre a natureza humana?

5. Explique o sentido da mudança da frase bíblica que encerra o conto (a original é: "Bem-aventurados os que choram, porque eles serão consolados").

6. Se Procópio fosse levado a julgamento por seu crime e você fizesse parte do júri, qual seria o seu voto: condenação ou absolvição? Por quê?

***

> "A pequena abaixou a cabeça, aparando o golpe, mas o golpe não veio. Era uma advertência; se à noitinha a tarefa não estivesse pronta, Lucrécia receberia o castigo de costume".

O CASO DA VARA[1]

Damião fugiu do seminário às onze horas da manhã de uma sexta-feira de agosto. Não sei bem o ano; foi antes de 1850. Passados alguns minutos parou vexado[2]; não contava com o efeito que produzia nos olhos da outra gente aquele seminarista que ia espantado, medroso, fugitivo. Desconhecia as ruas, andava e desandava; finalmente parou. Para onde iria? Para casa, não; lá estava o pai que o devolveria ao seminário, depois de um bom castigo. Não assentara no ponto de refúgio[3], porque a saída estava determinada para mais tarde; uma circunstância fortuita[4] a apressou. Para onde iria? Lembrou-se do padrinho, João Carneiro, mas o padrinho era um moleirão sem vontade, que por si só não faria coisa útil. Foi ele que o levou ao seminário e o apresentou ao reitor:

— Trago-lhe o grande homem que há de ser — disse ele ao reitor.

— Venha — acudiu este —, venha o grande homem, contanto que seja também humilde e bom. A verdadeira grandeza é chã[5]. Moço...

Tal foi a entrada. Pouco tempo depois fugiu o rapaz ao seminário. Aqui o vemos agora na rua, espantado, incerto, sem atinar com refúgio nem conselho; percorreu de memória as casas de parentes e amigos, sem se fixar em nenhuma. De repente, exclamou:

— Vou pegar-me com Sinhá Rita! Ela manda chamar meu padrinho, diz-lhe que quer que eu saia do seminário... Talvez assim...

---

1 Texto e notas reproduzidos do conto *O caso da vara*, publicado na nova edição do livro *A cartomante e outros contos*, São Paulo: Ed. Moderna, 2015.
2 Vexado: **envergonhado.**
3 Não assentara no ponto de refúgio: **não pensara no local onde se esconder.**
4 Fortuita: **casual.**
5 Chã: **modesta, simples.**

Sinhá Rita era uma viúva, querida de João Carneiro; Damião tinha umas ideias vagas dessa situação e tratou de a aproveitar. Onde morava? Estava tão atordoado, que só daí a alguns minutos é que lhe acudiu a casa[1]; era no Largo do Capim.

— Santo nome de Jesus! Que é isto? — bradou Sinhá Rita, sentando-se na marquesa[2], onde estava reclinada.

Damião acabava de entrar espavorido; no momento de chegar a casa, vira passar um padre, e deu um empurrão à porta, que por fortuna não estava fechada a chave nem ferrolho. Depois de entrar, espiou pela rótula[3], a ver o padre. Este não deu por ele[4] e ia andando.

— Mas que é isso, senhor Damião? — bradou novamente a dona da casa, que só agora o conhecera. — Que vem fazer aqui?

Damião, trêmulo, mal podendo falar, disse que não tivesse medo, não era nada; ia explicar tudo.

— Descanse, e explique-se.

— Já lhe digo; não pratiquei nenhum crime, isso juro; mas espere.

Sinhá Rita olhava para ele espantada, e todas as crias[5], de casa e de fora, que estavam sentadas em volta da sala, diante das suas almofadas de renda, todas fizeram parar os bilros[6] e as mãos. Sinhá Rita vivia principalmente de ensinar a fazer renda, crivo e bordado. Enquanto o rapaz tomava fôlego, ordenou às pequenas que trabalhassem, e esperou. Afinal, Damião contou tudo, o desgosto que lhe dava o seminário; estava certo de que não podia ser bom padre; falou com paixão[7], pediu-lhe que o salvasse.

— Como assim? Não posso nada.

— Pode, querendo.

— Não — replicou ela, abanando a cabeça. — Não me meto em negócios de sua família, que mal conheço; e então seu pai, que dizem que é zangado!

Damião viu-se perdido. Ajoelhou-se-lhe aos pés, beijou-lhe as mãos, desesperado.

— Pode muito, Sinhá Rita; peço-lhe pelo amor de Deus, pelo que a senhora tiver de mais sagrado, por alma de seu marido, salve-me da morte, porque eu mato-me, se voltar para aquela casa.

1   Lhe acudiu a casa: lembrou-se da casa.
2   Marquesa: móvel antigo, geralmente para duas pessoas, sem encosto e com assento largo feito de palhinha.
3   Rótula: grade de ripas que guarnece janelas ou portas, evitando assim que as pessoas de fora vejam o interior da casa.
4   Não deu por ele: não o percebeu.
5   Crias: escravas jovens.
6   Bilros: pequenas peças de madeira usadas para fazer renda.
7   Com paixão: com sentimento.

Sinhá Rita, lisonjeada com as súplicas do moço, tentou chamá-lo a outros sentimentos. A vida de padre era santa e bonita, disse-lhe ela; o tempo lhe mostraria que era melhor vencer as repugnâncias e um dia... "Não, nada, nunca!", redarguia[1] Damião, abanando a cabeça e beijando-lhe as mãos; e repetia que era a sua morte.

Sinhá Rita hesitou ainda muito tempo; afinal perguntou-lhe por que não ia ter com o padrinho.

— Meu padrinho? Esse é ainda pior que papai; não me atende, duvido que atenda a ninguém...

— Não atende? — interrompeu Sinhá Rita, ferida em seus brios. — Ora, eu lhe mostro se atende ou não...

Chamou um moleque e bradou-lhe que fosse à casa do senhor João Carneiro chamá-lo, já e já; e se não estivesse em casa, perguntasse onde podia ser encontrado, e corresse a dizer-lhe que precisava muito de lhe falar imediatamente.

— Anda, moleque.

Damião suspirou alto e triste. Ela, para mascarar a autoridade com que dera aquelas ordens[2], explicou ao moço que o senhor João Carneiro fora amigo do marido e arranjara-lhe algumas crias para ensinar. Depois, como ele continuasse triste, encostado a um portal, puxou-lhe o nariz, rindo:

— Ande lá, seu padreco, descanse que tudo se há de arranjar...

Sinhá Rita tinha quarenta anos na certidão de batismo, e vinte e sete nos olhos. Era apessoada, viva, patusca[3], amiga de rir; mas, quando convinha, brava como o diabo. Quis alegrar o rapaz e, apesar da situação, não lhe custou muito. Dentro de pouco, ambos eles riam, ela contava-lhe anedotas, e pedia-lhe outras, que ele referia com singular graça. Uma dessas, estúrdia[4], obrigada a trejeitos, fez rir a uma das crias de Sinhá Rita, que esquecera o trabalho, para mirar e escutar o moço. Sinhá Rita pegou de uma vara que estava ao pé da marquesa, e ameaçou-a:

— Lucrécia, olha a vara!

A pequena abaixou a cabeça, aparando o golpe, mas o golpe não veio. Era uma advertência; se à noitinha a tarefa não estivesse pronta, Lucrécia receberia o castigo de costume. Damião olhou para a pequena; era uma negrinha, magricela, um frangalho de nada, com uma cicatriz na testa e uma queimadura na mão esquerda. Contava onze anos. Damião reparou que tossia, mas para dentro, surdamente, a fim

---

1   Redarguia: **respondia.**
2   **Por que Sinhá Rita teria sentido necessidade de "mascarar" a autoridade com que dera as ordens? O que fica insinuado nesse comentário do narrador sobre a relação dela com João Carneiro?**
3   Patusca: **engraçada.**
4   Estúrdia: **esquisita, amalucada.**

de não interromper a conversação. Teve pena da negrinha, e resolveu apadrinhá-la[1], se não acabasse a tarefa. Sinhá Rita não lhe negaria o perdão... Demais, ela rira por achar-lhe graça; a culpa era sua, se há culpa em ter chiste[2].

Nisso, chegou João Carneiro. Empalideceu quando viu ali o afilhado, e olhou para Sinhá Rita, que não gastou tempo com preâmbulos. Disse-lhe que era preciso tirar o moço do seminário, que ele não tinha vocação para a vida eclesiástica, e antes um padre de menos que um padre ruim. Cá fora também se podia amar e servir a Nosso Senhor. João Carneiro, assombrado, não achou que replicar durante os primeiros minutos; afinal, abriu a boca e repreendeu o afilhado por ter vindo incomodar "pessoas estranhas", e em seguida afirmou que o castigaria.

— Qual castigar, qual nada! — interrompeu Sinhá Rita. — Castigar por quê? Vá, vá falar a seu compadre.

— Não afianço[3] nada, não creio que seja possível...

— Há de ser possível, afianço eu. Se o senhor quiser — continuou ela com certo tom insinuativo — tudo se há de arranjar. Peça-lhe muito, que ele cede. Ande, senhor João Carneiro, seu afilhado não volta para o seminário; digo-lhe que não volta...

— Mas, minha senhora...

— Vá, vá.

João Carneiro não se animava a sair, nem podia ficar. Estava entre um puxar de forças opostas. Não lhe importava, em suma, que o rapaz acabasse clérigo, advogado ou médico, ou outra qualquer coisa, vadio que fosse; mas o pior é que lhe cometiam uma luta ingente[4] com os sentimentos mais íntimos do compadre, sem certeza do resultado; e, se esse fosse negativo, outra luta com Sinhá Rita, cuja última palavra era ameaçadora: "Digo-lhe que ele não volta". Tinha de haver por força um escândalo. João Carneiro estava com a pupila desvairada, a pálpebra trêmula, o peito ofegante. Os olhares que deitava a Sinhá Rita eram de súplica, mesclados de um tênue raio de censura. Por que lhe não pedia outra coisa? Por quê não ordenava que fosse a pé, debaixo de chuva, à Tijuca, ou Jacarepaguá? Mas logo persuadir ao compadre que mudasse a carreira do filho... Conhecia o velho; era capaz de lhe quebrar uma jarra na cara. Ah! se o rapaz caísse ali, de repente, apoplético[5], morto! Era uma solução — cruel é certo, mas definitiva.

— Então? — insistiu Sinhá Rita.

Ele fez-lhe um gesto de mão que esperasse. Coçava a barba, procurando um

---

1 **Apadrinhá-la: protegê-la, servir de padrinho da menina.**
2 **Ter chiste: ter graça, ser engraçado.**
3 **Afianço: garanto.**
4 **Lhe cometiam uma luta ingente: exigiam dele uma luta enorme.**
5 **Apoplético: que sofre apoplexia, acidente vascular.**

recurso. Deus do céu! um decreto do papa dissolvendo a Igreja, ou, pelo menos, extinguindo os seminários, faria acabar tudo em bem. João Carneiro voltaria para casa e ia jogar os três-setes[1]. Imaginai que o barbeiro de Napoleão era encarregado de comandar a batalha de Austerlitz[2]... Mas a Igreja continuava, os seminários continuavam, o afilhado continuava, cosido à parede[3], olhos baixos, esperando, sem solução apoplética.

— Vá, vá — disse Sinhá Rita, dando-lhe o chapéu e a bengala.

Não teve remédio[4]. O barbeiro meteu a navalha no estojo, travou da espada e saiu à campanha. Damião respirou; exteriormente, deixou-se estar na mesma, olhos fincados no chão, acabrunhado. Sinhá Rita puxou-lhe dessa vez o queixo.

— Ande jantar, deixe-se de melancolias.

— A senhora crê que ele alcance alguma coisa?

— Há de alcançar tudo — redarguiu Sinhá Rita, cheia de si. — Ande, que a sopa está esfriando.

Apesar do gênio galhofeiro[5] de Sinhá Rita, e do seu próprio espírito leve, Damião esteve menos alegre ao jantar que na primeira parte do dia. Não fiava[6] do caráter mole do padrinho. Contudo, jantou[7] bem; e, para o fim, voltou às pilhérias da manhã. À sobremesa, ouviu um rumor de gente na sala e perguntou se o vinham prender.

— Hão de ser as moças.

Levantaram-se e passaram à sala. As moças eram cinco vizinhas que iam todas as tardes tomar café com Sinhá Rita, e ali ficavam até o cair da noite.

As discípulas, findo o jantar delas, tornaram às almofadas do trabalho. Sinhá Rita presidia a todo esse mulherio de casa e de fora. O sussurro dos bilros e o palavrear das moças eram ecos tão mundanos, tão alheios à teologia e ao latim, que o rapaz deixou-se ir por eles e esqueceu o resto. Durante os primeiros minutos, ainda houve da parte das vizinhas certo acanhamento; mas passou depressa. Uma delas

---

1   Três-setes: espécie de jogo de cartas.

2   Austerlitz: cidade da atual República Tcheca onde o general Napoleão Bonaparte conseguiu uma importante vitória militar. Para destacar a aflição do padrinho por ser encarregado de uma missão que ele nunca poderia realizar, o narrador comenta que ele se sentia como se o barbeiro de Napoleão fosse obrigado a comandar o exército na batalha.

3   Cosido à parede: bem encostado à parede, como se estivesse costurado nela.

4   Relacione essa atitude submissa do padrinho com o nome dele.

5   Galhofeiro: brincalhão.

6   Fiava: confiava.

7   Observe que, naquela época, o horário do jantar correspondia ao horário de almoço de hoje. A primeira refeição do dia, geralmente feita por volta das nove horas, era chamada de almoço. No começo da noite, lanchava-se.

cantou uma modinha, ao som da guitarra, tangida[1] por Sinhá Rita, e a tarde foi passando depressa. Antes do fim, Sinhá Rita pediu a Damião que contasse certa anedota que lhe agradara muito. Era a tal que fizera rir Lucrécia.

— Ande, senhor Damião, não se faça de rogado[2], que as moças querem ir embora. Vocês vão gostar muito.

Damião não teve remédio senão obedecer. Malgrado o anúncio e a expectação[3], que serviam a diminuir o chiste e o feito, a anedota acabou entre risadas das moças. Damião, contente de si, não esqueceu Lucrécia e olhou para ela, a ver se rira também. Viu-a com a cabeça metida na almofada para acabar a tarefa. Não ria; ou teria rido para dentro, como tossia.

Saíram as vizinhas, e a tarde caiu de todo. A alma de Damião foi-se fazendo tenebrosa, antes da noite. Que estaria acontecendo? De instante a instante, ia espiar pela rótula, e voltava cada vez mais desanimado. Nem sombra do padrinho. Com certeza, o pai fê-lo calar, mandou chamar dois negros, foi à polícia pedir um pedestre[4] e aí vinha pegá-lo à força e levá-lo ao seminário. Damião perguntou a Sinhá Rita se a casa não teria saída pelos fundos; correu ao quintal, e calculou que podia saltar o muro. Quis ainda saber se haveria modo de fugir para a Rua da Vala, ou se era melhor falar a algum vizinho que fizesse o favor de o receber. O pior era a batina; se Sinhá Rita lhe pudesse arranjar um rodaque[5], uma sobrecasaca velha... Sinhá Rita dispunha justamente de um rodaque, lembrança ou esquecimento de João Carneiro[6].

— Tenho um rodaque do meu defunto — disse ela, rindo —, mas para que está com esses sustos? Tudo se há de arranjar, descanse.

Afinal, à boca da noite, apareceu um escravo do padrinho, com uma carta para Sinhá Rita. O negócio ainda não estava composto; o pai ficou furioso e quis quebrar tudo; bradou que não, senhor, que o peralta havia de ir para o seminário, ou então metia-o no Aljube[7] ou na presiganga[8]. João Carneiro lutou muito para conseguir que o compadre não resolvesse logo, que dormisse à noite e meditasse bem se era conveniente dar à religião um sujeito tão rebelde e vicioso[9]. Explicava na carta que falou assim para melhor ganhar a causa. Não a tinha por ganha; mas no dia

---

1   **Tangida: tocada.**
2   **Não se faça de rogado: faça logo, não espere mais para fazer o que pedimos.**
3   **Expectação: expectativa.**
4   **Pedestre: soldado de polícia do Rio de Janeiro antigo.**
5   **Rodaque: casaco masculino, fora de uso hoje em dia.**
6   **Como João Carneiro esqueceria uma vestimenta na casa de Sinhá Rita? O que fica novamente insinuado nessa passagem sobre o relacionamento que havia entre os dois?**
7   **Aljube: prisão de padres.**
8   **Presiganga: navio-prisão.**
9   **Vicioso: nessa passagem, tem o sentido de pessoa sem as qualidades necessárias para ser padre.**

seguinte lá iria ver o homem, e teimar de novo. Concluía dizendo que o moço fosse para a casa dele.

Damião acabou de ler a carta e olhou para Sinhá Rita. "Não tenho outra tábua de salvação", pensou ele. Sinhá Rita mandou vir um tinteiro de chifre, e na meia folha da própria carta escreveu esta resposta: "Joãozinho[1], ou você salva o moço, ou nunca mais nos vemos". Fechou a carta com obreia[2], e deu-a ao escravo, para que a levasse depressa. Voltou a reanimar o seminarista, que estava outra vez no capuz da humildade e da consternação[3]. Disse-lhe que sossegasse, que aquele negócio era agora dela.

— Hão de ver para quanto presto! Não, que eu não sou de brincadeiras!

Era a hora de recolher os trabalhos. Sinhá Rita examinou-os; todas as discípulas tinham concluído a tarefa. Só Lucrécia estava ainda à almofada, meneando[4] os bilros, já sem ver; Sinhá Rita chegou-se a ela, viu que a tarefa não estava acabada, ficou furiosa, e agarrou-a por uma orelha.

— Ah! malandra!

— Nhanhã, nhanhã! pelo amor de Deus! por Nossa Senhora que está no céu.

— Malandra! Nossa Senhora não protege vadias!

Lucrécia fez um esforço, soltou-se das mãos da senhora, e fugiu para dentro; a senhora foi atrás e agarrou-a.

— Anda cá!

— Minha senhora, me perdoe! — tossia a negrinha.

— Não perdoo, não. Onde está a vara?

E tornaram ambas à sala, uma presa pela orelha, debatendo-se, chorando e pedindo; a outra dizendo que não, que a havia de castigar.

— Onde está a vara?

A vara estava à cabeceira da marquesa, do outro lado da sala. Sinhá Rita, não querendo soltar a pequena, bradou ao seminarista:

— Senhor Damião, dê-me aquela vara, faz favor?

Damião ficou frio... Cruel instante! Uma nuvem passou-lhe pelos olhos. Sim, tinha jurado apadrinhar a pequena, que, por causa dele, atrasara o trabalho...

— Dê-me a vara, senhor Damião!

Damião chegou a caminhar na direção da marquesa. A negrinha pediu-lhe então por tudo o que houvesse mais sagrado, pela mãe, pelo pai, por Nosso Senhor...

— Me acuda, meu sinhô moço!

Sinhá Rita, com a cara em fogo e os olhos esbugalhados, instava[5] pela vara, sem

---

1 Observe a linguagem familiar usada agora por Sinhá Rita.
2 Obreia: espécie de massa de farinha de trigo usada antigamente para fechar cartas.
3 Consternação: aflição.
4 Meneando: manejando.
5 Instava: insistia.

largar a negrinha, agora presa de um acesso de tosse. Damião sentiu-se compungido[1]; mas ele precisava tanto sair do seminário! Chegou à marquesa, pegou na vara e entregou-a a Sinhá Rita.

1. Por que Damião foi procurar Sinhá Rita?

2. Sinhá Rita não queria se envolver com a família de Damião, mas, ao ouvir certo comentário dele a respeito do padrinho, resolveu intervir. Que comentário foi esse? E por que ele fez a mulher se interessar pelo caso?

3. Quem era Lucrécia? Por que Sinhá Rita ameaçou bater nela pela primeira vez?

4. Quando Sinhá Rita foi castigar Lucrécia no fim do dia, Damião pensou em intervir para proteger a menina. Por quê? E qual o motivo de ele não a ter ajudado?

5. Percebe-se que o interesse principal do autor foi criar uma situação que revelasse algo do mundo interior das personagens, de seus valores éticos e morais, principalmente de Damião. O enredo é o menos importante: o caso da fuga de Damião é abandonado pelo autor, pois é secundário saber se o rapaz voltou ou não para o seminário. O importante é analisar sua conduta moral. Nesse caso, que característica do comportamento humano é representada por Damião?

6. Se você estivesse no lugar de Damião teria reagido da mesma forma que ele? Teria permitido o castigo da menina, mesmo com o risco de perder a ajuda da Sinhá Rita?

***

---

1   Compungido: aflito moralmente.

> "A verdade pede que diga que esta moça pensava amorosamente em dois homens ao mesmo tempo. Um de vinte e sete anos, Maciel — outro de cinquenta, Miranda".

TRIO EM LÁ MENOR[1]

I

Adagio Cantabile[2]

Maria Regina acompanhou a avó até o quarto, despediu-se e recolheu-se ao seu. A mucama[3] que a servia, apesar da familiaridade que existia entre elas, não pôde arrancar-lhe uma palavra, e saiu, meia hora depois, dizendo que Nhanhã estava muito séria. Logo que ficou só, Maria Regina sentou-se ao pé da cama, com as pernas estendidas, os pés cruzados, pensando.

A verdade pede que diga que esta moça pensava amorosamente em dois homens ao mesmo tempo. Um de vinte e sete anos, Maciel — outro de cinquenta, Miranda. Convenho que é abominável, mas não posso alterar a feição das coisas, não posso negar que se os dois homens estão namorados dela, ela não o está menos de ambos. Uma esquisita, em suma; ou, para falar como as suas amigas de colégio, uma desmiolada. Ninguém lhe nega coração excelente e claro espírito; mas a imaginação é que é o mal, uma imaginação adusta[4] e cobiçosa, insaciável principalmente, avessa à realidade, sobrepondo às coisas da vida outras de si mesma; daí curiosidades irremediáveis.

A visita dos dois homens (que a namoravam de pouco) durou cerca de uma hora. Maria Regina conversou alegremente com eles, e tocou ao piano uma peça

---

1   Texto e notas reproduzidos do conto *Trio em lá menor*, publicado na nova edição do livro *O alienista e outros contos*, São Paulo: Ed. Moderna, 2015.
2   *Adagio* (em italiano): palavra que indica um andamento musical vagaroso. *Cantabile* (também em italiano): quer dizer cantável.
3   Mucama: escrava doméstica.
4   Adusta: ardente.

clássica, uma sonata, que fez a avó cochilar um pouco. No fim discutiram música. Miranda disse coisas pertinentes acerca da música moderna e antiga; a avó tinha a religião de Bellini e da *Norma*[1], e falou das toadas do seu tempo, agradáveis, saudosas e principalmente claras. A neta ia com as opiniões do Miranda; Maciel concordou polidamente com todos.

Ao pé da cama, Maria Regina reconstruía agora tudo isso, a visita, a conversação, a música, o debate, os modos de ser de um e de outro, as palavras do Miranda e os belos olhos do Maciel. Eram onze horas, a única luz do quarto era a lamparina, tudo convidava ao sonho e ao devaneio. Maria Regina, à força de recompor a noite, viu ali dois homens ao pé dela, ouviu-os, e conversou com eles durante uma porção de minutos, trinta ou quarenta, ao som da mesma sonata tocada por ela: lá, lá, lá...

II
Allegro ma non troppo[2]

No dia seguinte a avó e a neta foram visitar uma amiga na Tijuca. Na volta a carruagem derribou[3] um menino que atravessava a rua, correndo. Uma pessoa que viu isto, atirou-se aos cavalos e, com perigo de si própria, conseguiu detê-los e salvar a criança, que apenas ficou ferida e desmaiada. Gente, tumulto, a mãe do pequeno acudiu em lágrimas. Maria Regina desceu do carro e acompanhou o ferido até à casa da mãe, que era ali ao pé[4].

Quem conhece a técnica do destino adivinha logo que a pessoa que salvou o pequeno foi um dos dois homens da outra noite; foi o Maciel. Feito o primeiro curativo, o Maciel acompanhou a moça até à carruagem e aceitou o lugar que a avó lhe ofereceu até à cidade. Estavam no Engenho Velho. Na carruagem é que Maria Regina viu que o rapaz trazia a mão ensanguentada. A avó inquiria a miúdo[5] se o pequeno estava muito mal, se escaparia; Maciel disse-lhe que os ferimentos eram leves. Depois contou o acidente: estava parado, na calçada, esperando que passasse um tílburi[6], quando viu o pequeno atravessar a rua por diante dos cavalos; compreendeu o perigo, e tratou de conjurá-lo[7], ou diminuí-lo.

1   Bellini (1801-1835): compositor italiano, autor da ópera *Norma*.
2   *Allegro ma non tropo* (em italiano): alegre mas não demais. Expressão usada em música para indicar um andamento rápido mas sem exagero.
3   Derribou: derrubou.
4   Que era ali ao pé: que era ali perto.
5   Inquiria a miúdo: perguntava constantemente.
6   Tílburi: carro fechado de duas rodas e dois assentos, puxado por um só animal. No século XIX, servia também como táxi.
7   Conjurá-lo: afastá-lo, evitá-lo.

— Mas está ferido — disse a velha.

— Coisa de nada.

— Está, está — acudiu a moça —; podia ter-se curado também.

— Não é nada— teimou ele —; foi um arranhão, enxugo isto com o lenço.

Não teve tempo de tirar o lenço; Maria Regina ofereceu-lhe o seu. Maciel, como-vido, pegou nele, mas hesitou em maculá-lo. Vá, vá, dizia-lhe ela; e vendo-o acanha-do, tirou-lho e enxugou-lhe, ela mesma, o sangue da mão.

A mão era bonita, tão bonita como o dono; mas parece que ele estava menos preocupado com a ferida da mão que com o amarrotado dos punhos. Conversando, olhava para eles disfarçadamente e escondia-os. Maria Regina não via nada, via-o a ele, via-lhe principalmente a ação que acabava de praticar, e que lhe punha uma auréola. Compreendeu que a natureza generosa saltara por cima dos hábitos pau-sados e elegantes do moço, para arrancar à morte uma criança que ele nem conhe-cia. Falaram do assunto até à porta de casa delas; Maciel recusou, agradecendo, a carruagem que elas lhe ofereciam, e despediu-se até a noite.

— Até a noite! — repetiu Maria Regina.

Esperou-o ansiosa. Ele chegou, por volta de oito horas, trazendo uma fita preta enrolada na mão, e pediu desculpa de vir assim; mas disseram-lhe que era bom pôr alguma coisa e obedeceu.

— Mas está melhor!

— Estou bom, não foi nada.

— Venha, venha — disse-lhe a avó, do outro lado da sala. — Sente-se aqui ao pé de mim: o senhor é um herói.

Maciel ouvia sorrindo. Tinha passado o ímpeto generoso, começava a receber os dividendos[1] do sacrifício. O maior deles era a admiração de Maria Regina, tão ingênua e tamanha, que esquecia a avó e a sala. Maciel sentara-se ao lado da velha, Maria Regina defronte de ambos. Enquanto a avó, restabelecida do susto, contava as comoções que padecera, a princípio sem saber de nada, depois imaginando que a criança teria morrido, os dois olhavam um para o outro, discretamente, e afinal esquecidamente. Maria Regina perguntava a si mesma onde acharia melhor noivo. A avó, que não era míope, achou a contemplação excessiva, e falou de outra coisa; pediu ao Maciel algumas notícias de sociedade.

1   **Dividendos: recompensas.**

III
Allegro Appassionato[1]

Maciel era homem, como ele mesmo dizia em francês, *très répandu*[2]; sacou da algibeira[3] uma porção de novidades miúdas e interessantes. A maior de todas foi a de estar desfeito o casamento de certa viúva.

— Não me diga isso! — exclamou a avó. — E ela?

— Parece que foi ela mesma que o desfez: o certo é que esteve anteontem no baile, dançou e conversou com muita animação. Oh! abaixo da notícia, o que fez mais sensação em mim foi o colar que ela levava, magnífico...

— Com uma cruz de brilhantes? — perguntou a velha. — Conheço; é muito bonito.

— Não, não é esse.

Maciel conhecia o da cruz, que ela levara à casa de um Mascarenhas; não era esse. Este outro ainda há poucos dias estava na loja do Resende, uma coisa linda. E descreveu-o todo, número, disposição e facetado das pedras; concluiu dizendo que foi a joia da noite.

— Para tanto luxo era melhor casar — ponderou maliciosamente a avó.

— Concordo que a fortuna dela não dá para isso. Ora, espere! Vou amanhã, ao Resende, por curiosidade, saber o preço por que o vendeu. Não foi barato, não podia ser barato.

— Mas por que é que se desfez o casamento?

— Não pude saber; mas tenho de jantar sábado com o Venancinho Correia, e ele conta-me tudo. Sabe que ainda é parente dela? Bom rapaz; está inteiramente brigado com o barão...

A avó não sabia da briga; Maciel contou-lha de princípio a fim, com todas as suas causas e agravantes. A última gota no cálix[4] foi um dito à mesa de jogo, uma alusão ao defeito do Venancinho, que era canhoto[5]. Contaram-lhe isto, e ele rompeu inteiramente as relações com o barão. O bonito é que os parceiros do barão acusaram-se uns aos outros de terem ido contar as palavras deste. Maciel declarou que era regra sua não repetir o que ouvia à mesa do jogo, porque é lugar em que há certa franqueza.

Depois fez a estatística da Rua do Ouvidor, na véspera, entre uma e quatro horas da tarde. Conhecia os nomes das fazendas e todas as cores modernas. Citou as principais *toilettes* do dia. A primeira foi a de *Mme.* Pena Maia, baiana distinta, *très*

---

1   *Allegro appassionato* (em italiano): alegre apaixonado. Expressão usada em música para indicar um andamento ardoroso e apaixonado.
2   *Très répandu* (em francês): que sabe das novidades, que está a par das últimas notícias.
3   Algibeira: bolso.
4   Cálix: cálice.
5   Observe que, curiosamente, nessa época havia um preconceito contra os canhotos.

pschutt[1]. A segunda foi a de *Mlle*. Pedrosa, filha de um desembargador de S. Paulo, *adorable*[2]. E apontou mais três, comparou depois as cinco, deduziu e concluiu. Às vezes esquecia-se e falava francês; pode mesmo ser que não fosse esquecimento, mas propósito; conhecia bem a língua, exprimia-se com facilidade e formulara um dia este axioma etnológico[3] — que há parisienses em toda a parte. De caminho, explicou um problema de voltarete[4].

— A senhora tem cinco trunfos de espadilha e manilha, tem rei e dama de copas...

Maria Regina ia descambando da admiração no fastio[5]: agarrava-se aqui e ali, contemplava a figura moça do Maciel, recordava a bela ação daquele dia, mas ia sempre escorregando; o fastio não tardava a absorvê-la. Não havia remédio. Então recorreu a um singular expediente. Tratou de combinar os dois homens, o presente com o ausente, olhando para um, e escutando o outro de memória; recurso violento e doloroso, mas tão eficaz, que ela pôde contemplar por algum tempo uma criatura perfeita e única.

Nisto apareceu o outro, o próprio Miranda. Os dois homens cumprimentaram-se friamente; Maciel demorou-se ainda uns dez minutos e saiu.

Miranda ficou. Era alto e seco, fisionomia dura e gelada. Tinha o rosto cansado, os cinquenta anos confessavam-se tais, nos cabelos grisalhos, nas rugas e na pele. Só os olhos continham alguma coisa menos caduca. Eram pequenos, e escondiam-se por baixo da vasta arcada do sobrolho[6], mas lá, ao fundo, quando não estavam pensativos, centelhavam[7] de mocidade. A avó perguntou-lhe, logo que Maciel saiu, se já tinha notícia do acidente do Engenho Velho, e contou-lho com grandes encarecimentos[8], mas o outro ouvia tudo sem admiração nem inveja.

— Não acha sublime? — perguntou ela, no fim.

— Acho que ele salvou talvez a vida a um desalmado que algum dia, sem o conhecer, pode meter-lhe uma faca na barriga.

— Oh! — protestou a avó.

— Ou mesmo conhecendo — emendou ele.

— Não seja mau — acudiu Maria Regina —; o senhor era bem capaz de fazer o mesmo, se ali estivesse.

---

1   *Três pschutt* (em francês): expressão que significa elegância exibicionista, exagerada.
2   *Adorable* (em francês): adorável.
3   Axioma etnológico: princípio sobre as raças.
4   Voltarete: antigo jogo de cartas. Observe que Maciel só trata de futilidades.
5   Fastio: tédio, aborrecimento.
6   Arcada do sobrolho: arco da sobrancelha.
7   Centelhavam: cintilavam, brilhavam.
8   Encarecimentos: elogios.

Miranda sorriu de um modo sardônico[1]. O riso acentuou-lhe a dureza da fisionomia. Egoísta e mau, este Miranda primava[2] por um lado único: espiritualmente, era completo. Maria Regina achava nele o tradutor maravilhoso e fiel de uma porção de ideias que lutavam dentro dela, vagamente, sem forma ou expressão. Era engenhoso e fino e até profundo, tudo sem pedantice, e sem meter-se por matos cerrados, antes quase sempre na planície das conversações ordinárias; tão certo é que as coisas valem pelas ideias que nos sugerem. Tinham ambos os mesmos gostos artísticos; Miranda estudara direito para obedecer ao pai; a sua vocação era a música.

A avó, prevendo a sonata, aparelhou a alma para alguns cochilos. Demais, não podia admitir tal homem no coração; achava-o aborrecido e antipático. Calou-se no fim de alguns minutos. A sonata veio, no meio de uma conversação que Maria Regina achou deleitosa[3], e não veio senão porque ele lhe pediu que tocasse; ele ficaria de bom grado a ouvi-la.

— Vovó — disse ela —, agora há de ter paciência...

Miranda aproximou-se do piano. Ao pó das arandelas, a cabeça dele mostrava toda a fadiga dos anos, ao passo que a expressão da fisionomia era muito mais de pedra e fel[4].

Maria Regina notou a graduação, e tocava sem olhar para ele, difícil coisa, porque, se ele falava, as palavras entravam-lhe tanto pela alma, que a moça insensivelmente levantava os olhos, e dava logo com um velho ruim. Então é que se lembrava do Maciel, dos seus anos em flor, da fisionomia franca, meiga e boa, e afinal da ação daquele dia. Comparação tão cruel para o Miranda, como fora para o Maciel o cotejo[5] dos seus espíritos. E a moça recorreu ao mesmo expediente. Completou um pelo outro; escutava a este com o pensamento naquele; e a música ia ajudando a ficção, indecisa a princípio, mas logo viva e acabada. Assim Titânia[6], ouvindo namorada[7] a cantiga do tecelão, admirava-lhe as belas formas, sem advertir que a cabeça era de burro.

IV
Minueto

Dez, vinte, trinta dias passaram depois daquela noite, e ainda mais vinte, e depois mais trinta. Não há cronologia certa; melhor é ficar no vago. A situação era a mesma.

1   Sardônico: sarcástico, zombeteiro.
2   Primava: se destacava.
3   Deleitosa: agradável.
4   Fel: amargura.
5   Cotejo: comparação.
6   Titânia: nome da rainha das fadas e dos duendes na peça *Sonho de uma noite de verão*, de William Shakespeare (1564-1616).
7   Namorada: enamorada, apaixonada.

Era a mesma insuficiência individual dos dois homens, e o mesmo complemento ideal por parte dela; daí um terceiro homem, que ela não conhecia.

Maciel e Miranda desconfiavam um do outro, detestavam-se a mais e mais, e padeciam muito, Miranda principalmente, que era paixão da última hora. Afinal acabaram aborrecendo a moça. Esta viu-os ir pouco a pouco. A esperança ainda os fez relapsos[1], mas tudo morre, até a esperança, e eles saíram para nunca mais. As noites foram passando, passando... Maria Regina compreendeu que estava acabado.

A noite em que se persuadiu bem disto foi uma das mais belas daquele ano, clara, fresca, luminosa. Não havia lua; mas nossa amiga aborrecia a lua[2] — não se sabe bem por quê, — ou porque brilha de empréstimo, ou porque toda a gente a admira, e pode ser que por ambas as razões. Era uma das suas esquisitices. Agora outra.

Tinha lido de manhã, em uma notícia de jornal, que há estrelas duplas, que nos parecem um só astro. Em vez de ir dormir, encostou-se à janela do quarto, olhando para o céu, a ver se descobria alguma delas; baldado[3] esforço. Não a descobrindo no céu, procurou-a em si mesma, fechou os olhos para imaginar o fenômeno; astronomia fácil e barata, mas não sem risco. O pior que ela tem é pôr os astros ao alcance da mão; por modo que, se a pessoa abre os olhos e eles continuam a fulgurar lá em cima, grande é o desconsolo e certa a blasfêmia. Foi o que sucedeu aqui. Maria Regina viu dentro de si a estrela dupla e única. Separadas, valiam bastante; juntas, davam um astro esplêndido; e ela queria o astro esplêndido. Quando abriu os olhos e viu que o firmamento ficava tão alto, concluiu que a criação era um livro falho e incorreto, e desesperou.

No muro da chácara viu então uma coisa parecida com dois olhos de gato. A princípio teve medo, mas advertiu logo que não era mais que a reprodução externa dos dois astros que ela vira em si mesma e que tinham ficado impressos na retina. A retina desta moça fazia refletir cá fora todas as suas imaginações. Refrescando o vento recolheu-se, fechou a janela e meteu-se na cama.

Não dormiu logo, por causa de duas rodelas de opala que estavam incrustadas na parede; percebendo que era ainda uma ilusão, fechou os olhos e dormiu. Sonhou que morria, que a alma dela, levada aos ares, voava na direção de uma bela estrela dupla. O astro desdobrou-se, e ela voou para uma das duas porções; não achou ali a sensação primitiva e despenhou-se para outra; igual resultado, igual regresso, e ei-la a andar de uma para outra das duas estrelas separadas. Então uma voz surgiu do abismo, com palavras que ela não entendeu:

---

1 **Relapsos: constantes, insistentes.**
2 **Aborrecia a lua: não gostava da lua.**
3 **Baldado: inútil.**

— É a tua pena[1], alma curiosa de perfeição; a tua pena é oscilar por toda a eternidade entre dois astros incompletos, ao som desta velha sonata do absoluto: lá, lá, lá...

1. Que personagens compõem o trio de que fala o título do conto?

2. Explicar as diferenças de personalidade entre Maciel e Miranda.

3. Que expediente usava Maria Regina para imaginar o homem ideal?

4. Por que Maria Regina não conseguiu escolher nenhum dos pretendentes?

5. Qual é o tema desse conto?

6. O estudo da alma humana feito por Machado de Assis nesse conto ainda pode ser considerado atual? Por quê?

7. Que outro título você daria ao conto?

***

---

1 Pena: punição.

A CARTOMANTE[1]

Hamlet observa a Horácio[2] que há mais coisas no céu e na terra do que sonha a nossa filosofia. Era a mesma explicação que dava a bela Rita ao moço Camilo, numa sexta-feira de novembro de 1869, quando este ria dela, por ter ido na véspera consultar uma cartomante; a diferença é que o fazia por outras palavras.

— Ria, ria. Os homens são assim; não acreditam em nada. Pois saiba que fui, e que ela adivinhou o motivo da consulta, antes mesmo que eu lhe dissesse o que era. Apenas começou a botar as cartas, disse-me: "A senhora gosta de uma pessoa..." Confessei que sim, e então ela continuou a botar as cartas, combinou-as, e no fim declarou-me que eu tinha medo de que você me esquecesse, mas que não era verdade...

— Errou! — interrompeu Camilo, rindo.

— Não diga isso, Camilo. Se você soubesse como eu tenho andado, por sua causa. Você sabe; já lhe disse. Não ria de mim, não ria...

Camilo pegou-lhe nas mãos e olhou para ela sério e fixo. Jurou que lhe queria muito, que os seus sustos pareciam de criança; em todo o caso, quando tivesse algum receio, a melhor cartomante era ele mesmo. Depois, repreendeu-a; disse-lhe que era imprudente andar por essas casas. Vilela podia sabê-lo, e depois...

— Qual saber! tive muita cautela, ao entrar na casa.

— Onde é a casa?

— Aqui perto, na Rua da Guarda Velha, não passava ninguém nessa ocasião. Descansa; eu não sou maluca.

Camilo riu outra vez.

— Tu crês deveras nessas coisas? — perguntou-lhe.

1 Texto e notas reproduzidos do conto *A cartomante*, publicado na nova edição do livro *A cartomante e outros contos*, São Paulo: Ed. Moderna, 2015.

2 Hamlet e Horácio: personagens da tragédia *Hamlet, o príncipe da Dinamarca*, do escritor inglês William Shakespeare (1564-1616).

Foi então que ela, sem saber que traduzia Hamlet em vulgar, disse-lhe que havia muita coisa misteriosa e verdadeira neste mundo. Se ele não acreditava, paciência; mas o certo é que a cartomante adivinhara tudo. Que mais? A prova é que ela agora estava tranquila e satisfeita.

Cuido que ele ia falar, mas reprimiu-se. Não queria arrancar-lhe as ilusões. Também ele, em criança, e ainda depois, foi supersticioso, teve um arsenal inteiro de crendices, que a mãe lhe incutiu e que aos vinte anos desapareceram. No dia em que deixou cair toda essa vegetação parasita, e ficou só o tronco da religião, ele, como tivesse recebido da mãe ambos os ensinos, envolveu-os na mesma dúvida, e logo depois em uma só negação total. Camilo não acreditava em nada. Por quê? Não poderia dizê-lo, não possuía um só argumento; limitava-se a negar tudo. E digo mal, porque negar é ainda afirmar, e ele não formulava a incredulidade; diante do mistério, contentou-se em levantar os ombros, e foi andando.

Separaram-se contentes, ele ainda mais que ela. Rita estava certa de ser amada; Camilo, não só o estava, mas via-a estremecer a arriscar-se por ele, correr às cartomantes, e, por mais que a repreendesse, não podia deixar de sentir-se lisonjeado. A casa do encontro era na antiga Rua dos Barbonos, onde morava uma comprovinciana[1] de Rita. Esta desceu pela Rua das Mangueiras, na direção de Botafogo, onde residia; Camilo desceu pela da Guarda Velha, olhando de passagem para a casa da cartomante.

Vilela, Camilo e Rita, três nomes, uma aventura, e nenhuma explicação das origens. Vamos a ela. Os dois primeiros eram amigos de infância. Vilela seguiu a carreira de magistrado. Camilo entrou no funcionalismo, contra a vontade do pai, que queria vê-lo médico; mas o pai morreu, e Camilo preferiu não ser nada, até que a mãe lhe arranjou um emprego público. No princípio de 1869, voltou Vilela da província, onde casara com uma dama formosa e tonta; abandonou a magistratura e veio abrir banca de advogado. Camilo arranjou-lhe casa para os lados de Botafogo, e foi a bordo recebê-lo.

— É o senhor? — exclamou Rita, estendendo-lhe a mão. — Não imagina como meu marido é seu amigo: falava sempre do senhor.

Camilo e Vilela olharam-se com ternura. Eram amigos deveras. Depois, Camilo confessou de si para si que a mulher do Vilela não desmentia as cartas do marido. Realmente, era graciosa e viva nos gestos, olhos cálidos, boca fina e interrogativa. Era um pouco mais velha que ambos: contava trinta anos, Vilela vinte e nove e Camilo vinte e seis. Entretanto, o porte grave de Vilela fazia-o parecer mais velho que a mulher, enquanto Camilo era um ingênuo na vida moral e prática. Faltava-lhe tanto a ação do tempo, como os óculos de cristal, que a natureza põe no berço de alguns para adiantar os anos. Nem experiência, nem intuição.

---

1   Comprovinciana: alguém da mesma província ou região.

Uniram-se os três. Convivência trouxe intimidade. Pouco depois morreu a mãe de Camilo, e nesse desastre, que o foi, os dois mostraram-se grandes amigos dele. Vilela cuidou do enterro, dos sufrágios[1] e do inventário; Rita tratou especialmente do coração, e ninguém o faria melhor.

Como daí chegaram ao amor, não o soube ele nunca. A verdade é que gostava de passar as horas ao lado dela; era a sua enfermeira moral, quase uma irmã, mas principalmente era mulher e bonita. *Odor di femmina*[2]: eis o que ele aspirava nela, e em volta dela, para incorporá-lo em si próprio. Liam os mesmos livros, iam juntos a teatros e passeios. Camilo ensinou-lhe as damas e o xadrez e jogavam às noites — ela mal —; ele, para lhe ser agradável, pouco menos mal. Até aí as coisas. Agora a ação da pessoa, os olhos teimosos de Rita, que procuravam muita vez os dele, que os consultavam antes de o fazer ao marido, as mãos frias, as atitudes insólitas[3]. Um dia, fazendo ele anos, recebeu de Vilela uma rica bengala de presente, e de Rita apenas um cartão com um vulgar cumprimento a lápis, e foi então que ele pôde ler no próprio coração; não conseguia arrancar os olhos do bilhetinho. Palavras vulgares; mas há vulgaridades sublimes, ou, pelo menos, deleitosas[4]. A velha caleça[5] de praça, em que pela primeira vez passeaste com a mulher amada, fechadinhos ambos, vale o carro de Apolo[6]. Assim é o homem, assim são as coisas que o cercam.

Camilo quis sinceramente fugir, mas já não pôde. Rita, como uma serpente, foi-se acercando dele, envolveu-o todo, fez-lhe estalar os ossos num espasmo, e pingou-lhe o veneno na boca. Ele ficou atordoado e subjugado. Vexame, sustos, remorsos, desejos, tudo sentiu de mistura; mas a batalha foi curta e a vitória delirante. Adeus, escrúpulos! Não tardou que o sapato se acomodasse ao pé, e aí foram ambos, estrada fora, braços dados, pisando folgadamente por cima de ervas e pedregulhos, sem padecer nada mais que algumas saudades, quando estavam ausentes um do outro. A confiança e estima de Vilela continuavam a ser as mesmas.

Um dia, porém, recebeu Camilo uma carta anônima, que lhe chamava imoral e pérfido[7], e dizia que a aventura era sabida de todos. Camilo teve medo e, para desviar as suspeitas, começou a rarear as visitas à casa de Vilela. Este notou-lhe as ausências. Camilo respondeu que o motivo era uma paixão frívola de rapaz. Candura gerou astúcia. As ausências prolongaram-se, e as visitas cessaram inteiramente.

---

1 Sufrágios: orações que se encomendam pela salvação da alma dos mortos.
2 *Odor di femmina* (em italiano): cheiro de mulher.
3 Insólitas: incomuns.
4 Deleitosas: prazerosas.
5 Caleça: tipo de carruagem do século XIX.
6 Carro de Apolo: Apolo (ou Febo) era o deus da luz entre os gregos; o "carro de Apolo" é a representação do Sol.
7 Pérfido: traidor.

Pode ser que entrasse também nisso um pouco de amor-próprio, uma intenção de diminuir os obséquios[1] do marido, para tornar menos dura a aleivosia[2] do ato[3].

Foi por esse tempo que Rita, desconfiada e medrosa, correu à cartomante para consultá-la sobre a verdadeira causa do procedimento de Camilo. Vimos que a cartomante restituiu-lhe a confiança, e que o rapaz repreendeu-a por ter feito o que fez. Correram ainda algumas semanas. Camilo recebeu mais duas ou três cartas anônimas, tão apaixonadas[4], que não podiam ser advertência da virtude[5], mas despeito de algum pretendente; tal foi a opinião de Rita, que, por outras palavras mal compostas, formulou este pensamento: "A virtude é preguiçosa e avara[6], não gasta tempo nem papel; só o interesse é ativo e pródigo[7]".

Nem por isso Camilo ficou mais sossegado; temia que o anônimo fosse ter com Vilela, e a catástrofe viria então sem remédio. Rita concordou que era possível.

— Bem — disse ela —, eu levo os sobrescritos[8] para comparar a letra com a das cartas que lá aparecerem; se alguma for igual, guardo-a e rasgo-a...

Nenhuma apareceu; mas daí a algum tempo Vilela começou a mostrar-se sombrio, falando pouco, como desconfiado. Rita deu-se pressa em dizê-lo ao outro, e sobre isso deliberaram. A opinião dela é que Camilo devia tornar à casa deles, tatear o marido, e pode ser até que lhe ouvisse a confidência de algum negócio particular. Camilo divergia; aparecer depois de tantos meses era confirmar a suspeita ou denúncia. Mais valia acautelarem-se, sacrificando-se por algumas semanas. Combinaram os meios de se corresponderem, em caso de necessidade, e separaram-se com lágrimas.

No dia seguinte, estando na repartição, recebeu Camilo este bilhete de Vilela: "Vem já, já, à nossa casa; preciso falar-te sem demora". Era mais de meio-dia. Camilo saiu logo; na rua, advertiu que teria sido mais natural chamá-lo ao escritório; por que em casa? Tudo indicava matéria especial, e a letra, fosse realidade ou ilusão, afigurou-se-lhe trêmula. Ele combinou todas essas coisas com a notícia da véspera.

— Vem já, já, à nossa casa; preciso falar-te sem demora — repetia ele com os olhos no papel.

1   Obséquios: atenções, gentilezas.
2   Aleivosia: traição.
3   Em que aspecto pode-se dizer que, ao ausentar-se da casa do amigo, Camilo estaria sentindo não apenas medo mas também um problema de consciência?
4   Apaixonadas: exaltadas.
5   Advertência da virtude: aviso de alguém que se preocupava apenas em censurar o comportamento imoral de Camilo, sem nenhum outro interesse.
6   Avara: avarenta. Nesse trecho significa que a virtude não gasta energia à toa.
7   Pródigo: esbanjador. Isto é, a pessoa interessada em obter algo não poupa esforço nem energia.
8   Sobrescritos: dados do destinatário escritos do lado de fora do envelope.

Imaginariamente, viu a ponta da orelha de um drama, Rita subjugada e lacrimosa, Vilela indignado, pegando da pena e escrevendo o bilhete, certo de que ele acudiria, e esperando-o para matá-lo. Camilo estremeceu, tinha medo; depois sorriu amarelo, e em todo caso repugnava-lhe a ideia de recuar, e foi andando. De caminho, lembrou-se de ir a casa; podia achar algum recado de Rita, que lhe explicasse tudo. Não achou nada, nem ninguém. Voltou à rua, e a ideia de estarem descobertos parecia-lhe cada vez mais verossímil[1]; era natural uma denúncia anônima, até da própria pessoa que o ameaçara antes; podia ser que Vilela conhecesse agora tudo. A mesma suspensão das suas visitas, sem motivo aparente, apenas com um pretexto fútil, viria confirmar o resto.

Camilo ia andando inquieto e nervoso. Não relia o bilhete, mas as palavras estavam decoradas, diante dos olhos, fixas; ou então — o que era ainda pior — eram-lhe murmuradas ao ouvido, com a própria voz de Vilela. "Vem já, já, à nossa casa; preciso falar-te sem demora." Ditas assim, pela voz do outro, tinham um tom de mistério e ameaça. Vem, já, já, para quê? Era perto de uma hora da tarde. A comoção crescia de minuto a minuto. Tanto imaginou o que se iria passar, que chegou a crê-lo e vê-lo. Positivamente, tinha medo. Entrou a cogitar em ir armado, considerando que, se nada houvesse, nada perdia, e a precaução era útil. Logo depois rejeitava a ideia, vexado de si mesmo, e seguia, picando o passo[2], na direção do Largo da Carioca, para entrar num tílburi[3]. Chegou, entrou e mandou seguir a trote largo.

"Quanto antes, melhor", pensou ele; "não posso estar assim..."

Mas o mesmo trote do cavalo veio agravar-lhe a comoção. O tempo voava, e ele não tardaria a entestar[4] com o perigo. Quase no fim da Rua da Guarda Velha, o tílburi teve de parar; a rua estava atravancada com uma carroça, que caíra. Camilo, em si mesmo, estimou o obstáculo e esperou. No fim de cinco minutos, reparou que ao lado, à esquerda, ao pé do tílburi, ficava a casa da cartomante, a quem Rita consultara uma vez, e nunca ele desejou tanto crer na lição das cartas. Olhou, viu as janelas fechadas, quando todas as outras estavam abertas e pejadas[5] de curiosos do incidente da rua. Dir-se-ia a morada do indiferente destino.

Camilo reclinou-se no tílburi, para não ver nada. A agitação dele era grande, extraordinária, e do fundo das camadas morais emergiam alguns fantasmas de outro tempo, as velhas crenças, as superstições antigas. O cocheiro propôs-lhe voltar a primeira travessa e ir por outro caminho; ele respondeu que não, que esperasse. E

---

1   Verossímil: provável.
2   Picando o passo: acelerando.
3   Tílburi: antigo carro de duas rodas e dois assentos, puxado por um só animal. No século XIX, era usado na cidade como táxi.
4   Entestar: ficar cara a cara.
5   Pejadas: cheias.

inclinava-se para fitar a casa... Depois fez um gesto incrédulo; era a ideia de ouvir a cartomante, que lhe passava ao longe, muito longe, com vastas asas cinzentas; desapareceu, reapareceu, e tornou a esvair-se[1] no cérebro; mas daí a pouco moveu outra vez as asas, mais perto, fazendo uns giros concêntricos... Na rua, gritavam os homens, safando[2] a carroça:

— Anda! agora! empurra! vá! vá!

Daí a pouco estaria removido o obstáculo. Camilo fechava os olhos, pensava em outras coisas; mas a voz do marido sussurrava-lhe às orelhas as palavras da carta: "Vem, já, já..." E ele via as contorções do drama e tremia. A casa olhava para ele. As pernas queriam descer e entrar... Camilo achou-se diante de um longo véu opaco... pensou rapidamente no inexplicável de tantas coisas, a voz da mãe repetia-lhe uma porção de casos extraordinários, e a mesma frase do príncipe da Dinamarca reboava-lhe[3] dentro: "Há mais coisas no céu e na terra do que sonha a filosofia..." Que perdia ele, se...?

Deu por si na calçada, ao pé da porta; disse ao cocheiro que esperasse, e rápido enfiou pelo corredor, e subiu a escada. A luz era pouca, os degraus comidos dos pés, o corrimão pegajoso; mas ele não viu nem sentiu nada. Trepou e bateu. Não aparecendo ninguém, teve ideia de descer; mas era tarde, a curiosidade fustigava-lhe o sangue, as fontes latejavam-lhe; ele tornou a bater uma, duas, três pancadas. Veio uma mulher; era a cartomante. Camilo disse que ia consultá-la, ela fê-lo entrar. Dali subiram ao sótão, por uma escada ainda pior que a primeira e mais escura. Em cima, havia uma salinha, mal alumiada por uma janela, que dava para o telhado dos fundos. Velhos trastes, paredes sombrias, um ar de pobreza, que antes aumentava do que destruía o prestígio.

A cartomante fê-lo sentar diante da mesa, e sentou-se do lado oposto, com as costas para a janela, de maneira que a pouca luz de fora batia em cheio no rosto de Camilo. Abriu uma gaveta e tirou um baralho de cartas compridas e enxovalhadas[4]. Enquanto as baralhava, rapidamente, olhava para ele, não de rosto, mas por baixo dos olhos. Era uma mulher de quarenta anos, italiana, morena e magra, com grandes olhos sonsos e agudos. Voltou três cartas sobre a mesa, e disse-lhe:

— Vejamos primeiro o que é que o traz aqui. O senhor tem um grande susto...

Camilo, maravilhado, fez um gesto afirmativo.

— E quer saber — continuou ela — se lhe acontecerá alguma coisa ou não...

— A mim e a ela — explicou vivamente ele.

---

1   **Esvair-se: desaparecer.**
2   **Safando: resolvendo o problema da carroça.**
3   **Reboava: ressoava, ecoava.**
4   **Enxovalhadas: sujas.**

A cartomante não sorriu; disse-lhe só que esperasse. Rápido pegou outra vez das cartas e baralhou-as, com os longos dedos finos, de unhas descuradas[1]; baralhou-as bem, transpôs os maços, uma, duas, três vezes; depois começou a estendê-las. Camilo tinha os olhos nela, curioso e ansioso.

— As cartas dizem-me...

Camilo inclinou-se para beber uma a uma as palavras. Então ela declarou-lhe que não tivesse medo de nada. Nada aconteceria nem a um nem a outro; ele, o terceiro, ignorava tudo. Não obstante, era indispensável muita cautela; ferviam invejas e despeitos. Falou-lhe do amor que os ligava, da beleza de Rita... Camilo estava deslumbrado. A cartomante acabou, recolheu as cartas e fechou-as na gaveta.

— A senhora restituiu-me a paz ao espírito — disse ele estendendo a mão por cima da mesa e apertando a da cartomante.

Esta levantou-se, rindo.

— Vá — disse ela —; vá, *ragazzo innamorato*[2].

E de pé, com o dedo indicador, tocou-lhe na testa. Camilo estremeceu, como se fosse a mão da própria sibila[3], e levantou-se também. A cartomante foi à cômoda, sobre a qual estava um prato com passas, tirou um cacho destas, começou a despencá-las e comê-las, mostrando duas fileiras de dentes que desmentiam as unhas. Nessa mesma ação comum, a mulher tinha um ar particular. Camilo, ansioso por sair, não sabia como pagasse; ignorava o preço.

— Passas custam dinheiro — disse ele afinal, tirando a carteira. — Quantas quer mandar buscar?

— Pergunte ao seu coração — respondeu ela.

Camilo tirou uma nota de dez mil-réis, e deu-lha. Os olhos da cartomante fuzilaram. O preço usual era dois mil-réis.

— Vejo bem que o senhor gosta muito dela... E faz bem; ela gosta muito do senhor. Vá, vá tranquilo. Olhe a escada, é escura; ponha o chapéu...

A cartomante tinha já guardado a nota na algibeira[4], e descia com ele, falando, com um leve sotaque. Camilo despediu-se dela embaixo, e desceu a escada que levava à rua, enquanto a cartomante, alegre com a paga, tornava acima, cantarolando uma barcarola[5]. Camilo achou o tílburi esperando; a rua estava livre. Entrou e seguiu a trote largo.

---

1   **Descuradas: descuidadas.**
2   *Ragazzo innamorato* **(em italiano): rapaz apaixonado.**
3   **Sibila: profetisa.**
4   **Algibeira: bolso.**
5   **Barcarola: peça musical tranquila cujo nome deriva das canções dos barqueiros de Veneza, na Itália.**

Tudo lhe parecia agora melhor, as outras coisas traziam outro aspecto, o céu estava límpido e as caras joviais. Chegou a rir dos seus receios, que chamou pueris[1]; recordou os termos da carta de Vilela e reconheceu que eram íntimos e familiares. Onde é que ele lhe descobrira a ameaça? Advertiu também que eram urgentes, e que fizera mal em demorar-se tanto; podia ser algum negócio grave e gravíssimo.

— Vamos, vamos depressa — repetia ele ao cocheiro.

E consigo, para explicar a demora ao amigo, engenhou qualquer coisa; parece que formou também o plano de aproveitar o incidente para tornar à antiga assiduidade... De volta com os planos, reboavam-lhe na alma as palavras da cartomante. Em verdade, ela adivinhara o objeto da consulta, o estado dele, a existência de um terceiro; por que não adivinharia o resto? O presente que se ignora vale o futuro. Era assim, lentas e contínuas, que as velhas crenças do rapaz iam tornando ao de cima, e o mistério empolgava-o com as unhas de ferro. Às vezes queria rir, e ria de si mesmo, algo vexado; mas a mulher, as cartas, as palavras secas e afirmativas, a exortação: "Vá, vá, *ragazzo innamorato*"; e no fim, ao longe, a barcarola da despedida, lenta e graciosa, tais eram os elementos recentes, que formavam, com os antigos, uma fé nova e vivaz.

A verdade é que o coração ia alegre e impaciente, pensando nas horas felizes de outrora e nas que haviam de vir. Ao passar pela Glória, Camilo olhou para o mar, estendeu os olhos para fora, até onde a água e o céu dão um abraço infinito, e teve assim uma sensação do futuro, longo, longo, interminável.

Daí a pouco chegou à casa de Vilela. Apeou-se, empurrou a porta de ferro do jardim e entrou. A casa estava silenciosa. Subiu os seis degraus de pedra, e mal teve tempo de bater, a porta abriu-se, e apareceu-lhe Vilela.

— Desculpa, não pude vir mais cedo; que há?

Vilela não lhe respondeu; tinha as feições decompostas[2]; fez-lhe sinal, e foram para uma saleta interior. Entrando, Camilo não pôde sufocar um grito de terror: ao fundo, sobre o canapé, estava Rita morta e ensanguentada. Vilela pegou-o pela gola, e, com dois tiros de revólver, estirou-o morto no chão.

---

1 **Pueris: infantis.**
2 **Decompostas: desfeitas, isto é, seu rosto não era o mesmo de sempre.**

1. Você observou que o conto não é narrado numa sequência linear — começo, meio e fim. O início do conto já nos apresenta a trama perto de seu epílogo. Localize a passagem em que o narrador faz um corte do presente e volta ao passado, para explicar quem são as personagens centrais e como elas chegaram à situação em que se encontram.

2. Por que Rita tinha ido consultar a cartomante?

3. Qual era a opinião de Camilo sobre cartomantes e adivinhações em geral?

4. O que assustou Camilo, levando-o a consultar a cartomante?

5. Ao falar da casa da cartomante, diz o narrador: "Dir-se-ia a morada do indiferente destino". Em que sentido esse comentário revela uma visão irônica do narrador com relação à sonhada previsão do futuro por parte do ser humano?

6. O que você acha que o autor quis simbolizar na figura da cartomante?

7. Ainda hoje, para tentar conhecer o futuro, muita gente lê horóscopos, consulta cartomantes e videntes, pratica vários tipos de adivinhações. O que você acha disso? Será que ainda há espaço para crenças desse tipo numa época completamente mergulhada na tecnologia e na ciência como a nossa? Qual é sua opinião?

***

> **"A escrava quis gritar, parece que chegou a soltar alguma voz mais alta que de costume, mas entendeu logo que ninguém viria libertá-la, ao contrário. Pediu então que a soltasse pelo amor de Deus".**

PAI CONTRA MÃE[1]

A escravidão levou consigo ofícios e aparelhos, como terá sucedido a outras instituições sociais. Não cito alguns aparelhos senão por se ligarem a certo ofício. Um deles era o ferro ao pescoço, outro o ferro ao pé; havia também a máscara de folha de flandres. A máscara fazia perder o vício da embriaguez aos escravos, por lhes tapar a boca. Tinha só três buracos, dois para ver, um para respirar, e era fechada atrás da cabeça por um cadeado. Com o vício de beber, perdiam a tentação de furtar, porque geralmente era dos vinténs do senhor que eles tiravam com que matar a sede, e aí ficavam dois pecados extintos, e a sobriedade e a honestidade certas. Era grotesca[2] tal máscara, mas a ordem social e humana nem sempre se alcança sem o grotesco, e alguma vez o cruel[3]. Os funileiros as tinham penduradas, à venda, na porta das lojas. Mas não cuidemos de máscaras.

© Jean-Baptiste Debret - Museu Castro Maya, Rio de Janeiro

ESCRAVO COM MÁSCARA, DEBRET.

1 Texto e notas reproduzidos do conto *Pai contra mãe*, publicado na nova edição do livro *A cartomante e outros contos*, São Paulo: Ed. Moderna, 2015.
2 Grotesca: esquisita, ridícula.
3 Observe o tom irônico desse comentário do narrador.

PINTURA DE DEBRET MOSTRANDO
ESCRAVOS COM CORRENTES E FERRO
NO PESCOÇO, CONFORME É
DESCRITO NESTE CONTO.

O ferro ao pescoço era aplicado aos escravos fujões. Imaginai uma coleira grossa, com a haste grossa também à direita ou à esquerda, até ao alto da cabeça e fechada atrás com chave. Pesava, naturalmente, mas era menos castigo que sinal. Escravo que fugia assim, onde quer que andasse, mostrava um reincidente, e com pouco era pegado.

Há meio século, os escravos fugiam com frequência. Eram muitos, e nem todos gostavam da escravidão. Sucedia ocasionalmente apanharem pancada, e nem todos gostavam de apanhar pancada[1]. Grande parte era apenas repreendida; havia alguém de casa que servia de padrinho, e o mesmo dono não era mau; além disso, o sentimento da propriedade moderava a ação, porque dinheiro também dói. A fuga repetia-se, entretanto. Casos houve, ainda que raros, em que o escravo de contrabando, apenas comprado no Valongo[2], deitava a correr, sem conhecer as ruas da cidade. Dos que seguiam para casa, não raro, apenas ladinos[3] pediam ao senhor que lhes marcasse aluguel, e iam ganhá-lo fora, quitandando[4].

Quem perdia um escravo por fuga dava algum dinheiro a quem lho levasse. Punha anúncio nas folhas públicas, com os sinais do fugido, o nome, a roupa, o defeito físico, se o tinha, o bairro por onde andava e a quantia de gratificação. Quando não vinha a quantia, vinha a promessa: "gratificar-se-á generosamente" — ou "receberá uma boa gratificação". Muita vez o anúncio trazia em cima ou ao lado uma vinheta, figura de preto, descalço, correndo, vara ao ombro, e na ponta uma trouxa[5]. Protestava-se com todo o rigor da lei contra quem o acoitasse[6].

Ora, pegar escravos fugidos era um ofício do tempo. Não seria nobre, mas por ser instrumento da força com que se mantêm a lei e a propriedade, trazia essa outra nobreza implícita das ações reivindicadoras. Ninguém se metia em tal ofício por desfastio[7] ou estudo; a pobreza, a necessidade de uma achega[8], a inaptidão para outros trabalhos, o acaso, e alguma vez o gosto de servir também, ainda que por outra via, davam o impulso ao homem que se sentia bastante rijo para pôr ordem à desordem.

Cândido Neves — em família, Candinho —, a pessoa a quem se liga a história de uma fuga, cedeu à pobreza, quando adquiriu o ofício de pegar escravos fugidos. Tinha um defeito grave esse homem, não aguentava emprego nem ofício, carecia

1   A ironia se acentua, transformando-se em sarcasmo.
2   Referência à rua do Valongo, onde havia vários locais de venda e compra de escravos.
3   Ladinos: astutos, espertos.
4   Quitandando: muitos escravos andavam pelas ruas fazendo comércio ambulante de frutas, hortaliças, aves e peixes (quitandando); no fim do dia, deviam entregar ao seu senhor uma certa quantia. Em alguns casos, podia sobrar algum dinheiro para o escravo.
5   Trouxa: algumas peças de roupa.
6   Acoitasse: escondesse.
7   Desfastio: distração.
8   Achega: auxílio, rendimento adicional.

de estabilidade; é o que ele chamava caiporismo[1]. Começou por querer aprender tipografia, mas viu cedo que era preciso algum tempo para compor bem, e ainda assim talvez não ganhasse o bastante; foi o que ele disse a si mesmo. O comércio chamou-lhe a atenção, era carreira boa. Com algum esforço entrou de caixeiro[2] para um armarinho[3]. A obrigação, porém, de atender e servir a todos feria-o na corda do orgulho, e ao cabo de cinco ou seis semanas estava na rua por sua vontade. Fiel[4] de cartório, contínuo de uma repartição anexa ao ministério do Império, carteiro e outros empregos foram deixados pouco depois de obtidos.

Quando veio a paixão da moça Clara, não tinha ele mais que dívidas, ainda que poucas, porque morava com um primo, entalhador de ofício. Depois de várias tentativas para obter emprego, resolveu adotar o ofício do primo, de que aliás já tomara algumas lições. Não lhe custou apanhar outras, mas querendo aprender depressa, aprendeu mal. Não fazia obras finas nem complicadas, apenas garras para sofás e relevos comuns para cadeiras. Queria ter em que trabalhar quando casasse, e o casamento não se demorou muito.

Contava trinta anos, Clara vinte e dois. Ela era órfã, morava com uma tia, Mônica, e cosia com ela. Não cosia tanto que não namorasse o seu pouco, mas os namorados apenas queriam matar o tempo; não tinham outro empenho. Passavam às tardes, olhavam muito para ela, ela para eles, até que a noite a fazia recolher para a costura. O que ela notava é que nenhum deles lhe deixava saudades nem lhe acendia desejos. Talvez soubesse o nome de muitos. Queria casar, naturalmente. Era, como lhe dizia a tia, um pescar de caniço, a ver se o peixe pegava, mas o peixe passava de longe; algum que parasse, era só para andar à roda da isca, mirá-la, cheirá-la, deixá-la e ir a outras.

O amor traz sobrescritos. Quando a moça viu Cândido Neves, sentiu que era esse o possível marido, o marido verdadeiro e único. O encontro deu-se em um baile; tal foi — para lembrar o primeiro ofício do namorado —, tal foi a página inicial daquele livro, que tinha de sair mal composto e pior brochado[5]. O casamento fez-se onze meses depois, e foi a mais bela festa das relações dos noivos. Amigas de Clara, menos por amizade que por inveja, tentaram arredá-la do passo que ia dar[6]. Não negavam a gentileza do noivo, nem o amor que lhe tinha, nem ainda algumas virtudes; diziam que era dado em demasia a patuscadas[7].

---

1   Caiporismo: azar, má sorte.
2   Caixeiro: balconista de comércio.
3   Armarinho: loja que vende tecidos e materiais de costura.
4   Fiel: empregado.
5   Brochado: encadernado.
6   Tentaram arredá-la do passo que ia dar: tentaram fazê-la desistir da decisão que tinha tomado.
7   Patuscadas: farras, brincadeiras.

— Pois ainda bem — replicava a noiva —, ao menos, não caso com defunto.

— Não, defunto não; mas é que...

Não diziam o que era. Tia Mônica, depois do casamento, na casa pobre onde eles se foram abrigar, falou-lhes uma vez nos filhos possíveis. Eles queriam um, um só, embora viesse agravar a necessidade.

— Vocês, se tiverem um filho, morrem de fome — disse a tia à sobrinha.

— Nossa Senhora nos dará de comer — acudiu Clara.

Tia Mônica devia ter-lhes feito a advertência, ou ameaça, quando ele lhe foi pedir a mão da moça; mas também ela era amiga de patuscadas, e o casamento seria uma festa, como foi.

A alegria era comum aos três. O casal ria a propósito de tudo. Os mesmos nomes eram objeto de trocados[1], Clara, Neves, Cândido; não davam que comer, mas davam que rir, e o riso digeria-se sem esforço. Ela cosia agora mais, ele saía a empreitadas de uma coisa e outra; não tinha emprego certo.

Nem por isso abriam mão do filho. O filho é que, não sabendo daquele desejo específico, deixava-se estar escondido na eternidade. Um dia, porém, deu sinal de si a criança; varão ou fêmea, era o fruto abençoado que viria trazer ao casal a suspirada ventura[2]. Tia Mônica ficou desorientada, Cândido e Clara riram dos seus sustos.

— Deus nos há de ajudar, titia — insistia a futura mãe.

A notícia correu de vizinha a vizinha. Não houve mais que espreitar a aurora do dia grande. A esposa trabalhava agora com mais vontade, e assim era preciso, uma vez que, além das costuras pagas, tinha de ir fazendo com retalhos o enxoval da criança. À força de pensar nela, vivia já com ela, media-lhe fraldas, cosia-lhe camisas. A porção era escassa, os intervalos longos. Tia Mônica ajudava, é certo, ainda que de má vontade.

— Vocês verão a triste vida — suspirava ela.

— Mas as outras crianças não nascem também? — perguntou Clara.

— Nascem, e acham sempre alguma coisa certa que comer, ainda que pouco...

— Certa como?

— Certa, um emprego, um ofício, uma ocupação, mas em que é que o pai dessa infeliz criatura que aí vem gasta o tempo?

Cândido Neves, logo que soube daquela advertência, foi ter com a tia, não áspero, mas muito menos manso que de costume, e lhe perguntou se já algum dia deixara de comer.

— A senhora ainda não jejuou senão pela semana santa, e isso mesmo quando não quer jantar comigo. Nunca deixamos de ter o nosso bacalhau...

— Bem sei, mas somos três.

---

1 **Trocado: trocadilho.**
2 **Ventura: felicidade.**

— Seremos quatro.

— Não é a mesma coisa.

— Que quer então que eu faça, além do que faço?

— Alguma coisa mais certa. Veja o marceneiro da esquina, o homem do armarinho, o tipógrafo que casou sábado, todos têm um emprego certo... Não fique zangado; não digo que você seja vadio, mas a ocupação que escolheu é vaga. Você passa semanas sem vintém.

— Sim, mas lá vem uma noite que compensa tudo, até de sobra. Deus não me abandona, e preto fugido sabe que comigo não brinca; quase nenhum resiste, muitos entregam-se logo.

Tinha glória nisso, falava da esperança como de capital seguro. Daí a pouco ria, e fazia rir à tia, que era naturalmente alegre, e previa uma patuscada no batizado.

Cândido Neves perdera já o ofício de entalhador, como abrira mão de outros muitos, melhores ou piores. Pegar escravos fugidos trouxe-lhe um encanto novo. Não obrigava a estar longas horas sentado. Só exigia força, olho vivo, paciência, coragem e um pedaço de corda. Cândido Neves lia os anúncios, copiava-os, metia-os no bolso e saía às pesquisas. Tinha boa memória. Fixados os sinais e os costumes de um escravo fugido, gastava pouco tempo em achá-lo, segurá-lo, amarrá-lo e levá-lo. A força era muita, a agilidade também. Mais de uma vez, a uma esquina, conversando de coisas remotas, via passar um escravo como os outros, e descobria logo que ia fugido, quem era, o nome, o dono, a casa deste e a gratificação; interrompia a conversa e ia atrás do vicioso. Não o apanhava logo, espreitava lugar azado[1], e de um salto tinha a gratificação nas mãos. Nem sempre saía sem sangue, as unhas e os dentes do outro trabalhavam, mas geralmente ele os vencia sem o menor arranhão.

Um dia os lucros entraram a escassear. Os escravos fugidos não vinham já, como dantes, meter-se nas mãos de Cândido Neves. Havia mãos novas e hábeis. Como o negócio crescesse, mais de um desempregado pegou em si e numa corda, foi aos jornais, copiou anúncios e deitou-se à caçada. No próprio bairro havia mais de um competidor. Quer dizer que as dívidas de Cândido Neves começaram de subir, sem aqueles pagamentos prontos ou quase prontos dos primeiros tempos. A vida fez-se difícil e dura. Comia-se fiado e mal; comia-se tarde. O senhorio mandava pelos aluguéis[2].

Clara não tinha sequer tempo de remendar a roupa ao marido, tanta era a necessidade de coser para fora. Tia Mônica ajudava a sobrinha, naturalmente. Quando ele chegava à tarde, via-se-lhe pela cara que não trazia vintém. Jantava e saía outra

---

1   Azado: oportuno.
2   O senhorio mandava pelos aluguéis: o dono vinha cobrar os aluguéis.

vez, à cata de algum fugido. Já lhe sucedia, ainda que raro, enganar-se de pessoa, e pegar um escravo fiel que ia a serviço de seu senhor; tal era a cegueira da necessidade. Certa vez capturou um preto livre; desfez-se em desculpas, mas recebeu grande soma de murros que lhe deram os parentes do homem.

— É o que lhe faltava! — exclamou a tia Mônica, ao vê-lo entrar, e depois de ouvir narrar o equívoco e suas consequências. — Deixe-se disso, Candinho; procure outra vida, outro emprego.

Cândido quisera efetivamente fazer outra coisa, não pela razão do conselho, mas por simples gosto de trocar de ofício; seria um modo de mudar de pele ou de pessoa. O pior é que não achava à mão negócio que aprendesse depressa.

A natureza ia andando, o feto crescia, até fazer-se pesado à mãe, antes de nascer. Chegou o oitavo mês, mês de angústias e necessidades, menos ainda que o nono, cuja narração dispenso também. Melhor é dizer somente os seus efeitos. Não podiam ser mais amargos.

— Não, tia Mônica! — bradou Candinho, recusando um conselho que me custa escrever, quanto mais ao pai ouvi-lo. — Isso nunca!

Foi na última semana do derradeiro mês que a tia Mônica deu ao casal o conselho de levar a criança que nascesse à roda dos enjeitados[1]. Em verdade, não podia haver palavra mais dura de tolerar a dois jovens pais que espreitavam a criança, para beijá-la, guardá-la, vê-la rir, crescer, engordar, pular... Enjeitar quê? enjeitar como? Candinho arregalou os olhos para a tia, e acabou dando um murro na mesa de jantar. A mesa, que era velha e desconjuntada, esteve quase a se desfazer inteiramente. Clara interveio.

— Titia não fala por mal, Candinho.

— Por mal? — replicou tia Mônica. — Por mal ou por bem, seja que for, digo que é o melhor que vocês podem fazer. Vocês devem tudo; a carne e o feijão vão faltando. Se não aparecer algum dinheiro, como é que a família há de aumentar? E, depois, há tempo; mais tarde, quando o senhor tiver a vida mais segura, os filhos que vierem serão recebidos com o mesmo cuidado que esse ou maior. Esse será bem criado, sem lhe faltar nada. Pois então a roda é alguma praia ou monturo[2]? Lá não se mata ninguém, ninguém morre à toa, enquanto que aqui é certo morrer, se viver à míngua. Enfim...

Tia Mônica terminou a frase com um gesto de ombros, deu as costas e foi meter-se na alcova. Tinha já insinuado aquela solução, mas era a primeira vez que o fazia

---

1   Roda dos enjeitados: espécie de caixa giratória colocada nas portarias de conventos, asilos e orfanatos, onde se deixavam as crianças rejeitadas pelos pais; o mesmo que roda dos expostos.

2   Monturo: monte de lixo.

com tal franqueza e calor — crueldade, se preferes. Clara estendeu a mão ao marido, como a amparar-lhe o ânimo; Cândido Neves fez uma careta, e chamou maluca à tia, em voz baixa. A ternura dos dois foi interrompida por alguém que batia à porta da rua.

— Quem é? — perguntou o marido.

— Sou eu.

Era o dono da casa, credor de três meses de aluguel, que vinha em pessoa ameaçar o inquilino. Este quis que ele entrasse.

— Não é preciso...

— Faça o favor...

O credor entrou e recusou sentar-se; deitou os olhos à mobília para ver se daria algo à penhora; achou que pouco. Vinha receber os aluguéis vencidos, não podia esperar mais; se dentro de cinco dias não fosse pago, pô-lo-ia na rua. Não havia trabalhado para regalo[1] dos outros. Ao vê-lo, ninguém diria que era proprietário; mas a palavra supria o que faltava ao gesto, e o pobre Cândido Neves preferiu calar a retorquir[2]. Fez uma inclinação de promessa e súplica ao mesmo tempo. O dono da casa não cedeu mais.

— Cinco dias ou rua! — repetiu, metendo a mão no ferrolho da porta e saindo.

Candinho saiu por outro lado. Nesses lances, não chegava nunca ao desespero, contava com algum empréstimo, não sabia como nem onde, mas contava. Demais, recorreu aos anúncios. Achou vários, alguns já velhos, mas em vão os buscava desde muito. Gastou algumas horas sem proveito, e tornou para casa. Ao fim de quatro dias, não achou recursos; lançou mão de empenhos, foi a pessoas amigas do proprietário, não alcançando mais que a ordem de mudança.

A situação era aguda. Não achavam casa, nem contavam com pessoa que lhes emprestasse alguma; era ir para a rua. Não contavam com a tia. Tia Mônica teve arte de alcançar[3] aposento para os três em casa de uma senhora velha e rica, que lhe prometeu emprestar os quartos baixos da casa, ao fundo da cocheira, para os lados de um pátio. Teve ainda a arte maior de não dizer nada aos dois, para que Cândido Neves, no desespero da crise, começasse por enjeitar o filho e acabasse alcançando algum meio seguro e regular de obter dinheiro; emendar a vida, em suma. Ouvia as queixas de Clara, sem as repetir, é certo, mas sem as consolar. No dia em que fossem obrigados a deixar a casa, fá-los-ia espantar com a notícia do obséquio e iriam dormir melhor do que cuidassem.

Assim sucedeu. Postos fora de casa, passaram ao aposento de favor, e dois dias depois nasceu a criança. A alegria do pai foi enorme, e a tristeza também. Tia

---

1   Regalo: prazer, satisfação.
2   Retorquir: responder, replicar.
3   Alcançar: conseguir, arranjar.

Mônica insistiu em dar a criança à roda. "Se você não a quer levar, deixe isso comigo; eu vou à Rua dos Barbonos." Cândido Neves pediu que não, que esperasse, que ele mesmo a levaria. Notai que era um menino, e que ambos os pais desejavam justamente esse sexo. Mal lhe deram algum leite; mas como chovesse à noite, assentou o pai levá-lo à roda na noite seguinte.

Naquela reviu todas as suas notas de escravos fugidos. As gratificações pela maior parte eram promessas; algumas traziam a soma escrita e escassa. Uma, porém, subia a cem mil-réis. Tratava-se de uma mulata; vinham indicações de gesto e de vestido. Cândido Neves andara a pesquisá-la sem melhor fortuna[1], e abrira mão do negócio; imaginou que algum amante da escrava a houvesse recolhido. Agora, porém, a vista nova da quantia e a necessidade dela animaram Cândido Neves a fazer um grande esforço derradeiro. Saiu de manhã a ver e indagar pela Rua e Largo da Carioca, Rua do Parto e da Ajuda, onde ela parecia andar, segundo o anúncio. Não a achou; apenas um farmacêutico da Rua da Ajuda se lembrava de ter vendido uma onça[2] de qualquer droga, três dias antes, à pessoa que tinha os sinais indicados. Cândido Neves parecia falar como dono da escrava, e agradeceu cortesmente a notícia. Não foi mais feliz com outros fugidos de gratificação incerta ou barata.

Voltou para a triste casa que lhe haviam emprestado. Tia Mônica arranjara de si mesma a dieta para a recente mãe e tinha já o menino para ser levado à roda. O pai, não obstante o acordo feito, mal pôde esconder a dor do espetáculo. Não quis comer o que tia Mônica lhe guardara; não tinha fome, disse, e era verdade. Cogitou mil modos de ficar com o filho; nenhum prestava. Não podia esquecer o próprio albergue em que vivia. Consultou a mulher, que se mostrou resignada. Tia Mônica pintara-lhe a criação do menino; seria maior a miséria, podendo suceder que o filho achasse a morte sem recurso. Cândido Neves foi obrigado a cumprir a promessa; pediu à mulher que desse ao filho o resto do leite que ele beberia da mãe. Assim se fez; o pequeno adormeceu, o pai pegou dele, e saiu na direção da Rua dos Barbonos.

Que pensasse mais de uma vez em voltar para casa com ele, é certo; não menos certo é que o agasalhava muito, que o beijava, que lhe cobria o rosto para preservá-lo do sereno. Ao entrar na Rua da Guarda Velha, Cândido Neves começou a afrouxar o passo.

— Hei de entregá-lo o mais tarde que puder — murmurou ele.

Mas não sendo a rua infinita ou sequer longa, viria a acabá-la; foi então que lhe ocorreu entrar por um dos becos que ligavam aquela à Rua da Ajuda. Chegou ao fim do beco e, indo a dobrar à direita, na direção do Largo da Ajuda, viu do lado oposto um vulto de mulher; era a mulata fugida. Não dou aqui a comoção de Cândido

---

1   **Fortuna: sorte.**
2   **Onça: medida de peso inglesa equivalente a 28,349 g.**

Neves por não podê-lo fazer com a intensidade real. Um adjetivo basta; digamos enorme. Descendo a mulher, desceu ele também; a poucos passos estava a farmácia onde obtivera a informação, que referi acima. Entrou, achou o farmacêutico, pediu-lhe a fineza de guardar a criança por um instante; viria buscá-la sem falta.

— Mas...

Cândido Neves não lhe deu tempo de dizer nada; saiu rápido, atravessou a rua, até ao ponto em que pudesse pegar a mulher sem dar alarma. No extremo da rua, quando ela ia a descer a de São José, Cândido Neves aproximou-se dela. Era a mesma, era a mulata fujona.

— Arminda! — bradou, conforme a nomeava o anúncio.

Arminda voltou-se sem cuidar malícia. Foi só quando ele, tendo tirado o pedaço de corda da algibeira[1], pegou dos braços da escrava, que ela compreendeu e quis fugir. Era já impossível. Cândido Neves, com as mãos robustas, atava-lhe os pulsos e dizia que andasse. A escrava quis gritar, parece que chegou a soltar alguma voz mais alta que de costume, mas entendeu logo que ninguém viria libertá-la, ao contrário. Pediu então que a soltasse pelo amor de Deus.

— Estou grávida, meu senhor! — exclamou. — Se vossa senhoria tem algum filho, peço-lhe por amor dele que me solte; eu serei sua escrava, vou servi-lo pelo tempo que quiser. Me solte, meu senhor moço!

— Siga! — repetiu Cândido Neves.

— Me solte!

— Não quero demoras; siga!

Houve aqui luta, porque a escrava, gemendo, arrastava-se a si e ao filho. Quem passava ou estava à porta de uma loja compreendia o que era e naturalmente[2] não acudia. Arminda ia alegando que o senhor era muito mau, e provavelmente a castigaria com açoites — coisa que, no estado em que ela estava, seria pior de sentir. Com certeza, ele lhe mandaria dar açoites.

— Você é que tem culpa. Quem lhe manda fazer filhos e fugir depois? — perguntou Cândido Neves.

Não estava em maré de riso, por causa do filho que lá ficara na farmácia, à espera dele. Também é certo que não costumava dizer grandes coisas. Foi arrastando a escrava pela Rua dos Ourives, em direção à da Alfândega, onde residia o senhor. Na esquina desta a luta cresceu; a escrava pôs os pés à parede, recuou com grande esforço, inutilmente. O que alcançou foi, apesar de ser a casa próxima, gastar mais tempo em lá chegar do que devera. Chegou, enfim, arrastada, desesperada,

1   Algibeira: bolso.
2   Por que se pode dizer que o advérbio "naturalmente" acentua a dramaticidade da cena? O que ele pode revelar sobre o comportamento de uma sociedade escravocrata?

arquejando. Ainda ali ajoelhou-se, mas em vão. O senhor estava em casa, acudiu ao chamado e ao rumor.

— Aqui está a fujona — disse Cândido Neves.

— É ela mesma.

— Meu senhor!

— Anda, entra...

Arminda caiu no corredor. Ali mesmo o senhor da escrava abriu a carteira e tirou os cem mil-réis de gratificação. Cândido Neves guardou as duas notas de cinquenta mil-réis, enquanto o senhor novamente dizia à escrava que entrasse. No chão, onde jazia, levada do medo e da dor, e após algum tempo de luta a escrava abortou.

O fruto de algum tempo entrou sem vida neste mundo, entre os gemidos da mãe e os gestos de desespero do dono. Cândido Neves viu todo esse espetáculo. Não sabia que horas eram. Quaisquer que fossem, urgia correr à Rua da Ajuda, e foi o que ele fez sem querer conhecer as consequências do desastre.

Quando lá chegou, viu o farmacêutico sozinho, sem o filho que lhe entregara. Quis esganá-lo. Felizmente, o farmacêutico explicou tudo a tempo; o menino estava lá dentro com a família, e ambos entraram. O pai recebeu o filho com a mesma fúria com que pegara a escrava fujona de há pouco, fúria diversa, naturalmente, fúria de amor. Agradeceu depressa e mal, e saiu às carreiras[1], não para a roda dos enjeitados, mas para a casa de empréstimo, com o filho e os cem mil-réis de gratificação. Tia Mônica, ouvida a explicação, perdoou a volta do pequeno, uma vez que trazia os cem mil-réis. Disse, é verdade, algumas palavras duras contra a escrava, por causa do aborto, além da fuga. Cândido Neves, beijando o filho, entre lágrimas verdadeiras, abençoava a fuga e não se lhe dava do aborto[2].

Nem todas as crianças vingam[3], bateu-lhe o coração.

---

1   Às carreiras: **apressadamente.**
2   Não se lhe dava do aborto: **não se preocupava com o aborto.**
3   Vingam: **conseguem nascer e viver.**

1. Candinho não conseguia ficar muito tempo numa mesma atividade. Ao casar-se, o que ele fazia para sustentar a mulher e a tia dela? Esse trabalho lhe permitia cuidar bem da família? Por quê?

2. Qual a sugestão de tia Mônica pouco antes do nascimento do filho de Candinho? Como o rapaz reagiu a essa ideia?

3. Que circunstância propiciou a Candinho obter o dinheiro necessário à manutenção da família, livrando-o de ter de entregar o filho à roda dos enjeitados?

4. Que outro título você daria a esse conto?

5. Capturando a escrava fugida, Candinho cometeu um ato legal, isto é, agiu dentro da lei, ninguém poderia puni-lo por isso. Mas, do ponto de vista moral, seu ato se justifica? Se você estivesse no lugar dele, faria a mesma coisa para salvar seu filho?

6. Você acha que os personagens Candinho e Damião (do conto *O caso da vara*) têm pontos em comum? Justifique.

MACHADO E CAROLINA: UMA HISTÓRIA DE AMOR

Carolina e Machado encontraram-se e apaixonaram-se.

Carolina Augusta Xavier de Novais era natural da cidade do Porto, em Portugal, onde nascera em 20 de fevereiro de 1835. Era, portanto, quatro anos e quatro meses mais velha que Machado de Assis. E era branca, o que parece ter provocado uma certa resistência da família em consentir no relacionamento, pois Machado era mulato, e isso ainda pesava muito em 1868. Mas o amor que havia entre eles era muito forte. Numa de suas cartas, assim dizia Machado:

"Há uma razão capital, e é que tu não te pareces nada com as mulheres vulgares que tenho conhecido. Espírito e coração como os teus são prendas raras; alma tão boa e tão elevada, sensibilidade tão melindrosa, razão tão reta não são bens que a natureza espalhasse às mãos cheias pelo teu sexo. Tu pertences ao pequeno número de mulheres que ainda sabem amar, sentir e pensar. Como te não amaria eu?"

Machado e Carolina tiveram uma cadelinha de estimação muito querida, chamada Graziela, que ficou com eles muitos anos. Quando ela morreu, Machado escreveu a poesia ao lado:

UM ÓBITO

Este silêncio inda me fala dela,
Como que escuto ainda os seus latidos,
Vagos, remotos, sons amortecidos,
Da vida que nos fez a vida bela.

Boa, coitada, boa Graziela,
Companheira fiel dos anos idos,
Querida nossa e nós os seus queridos,
Conosco dividiu a alma singela.

Tivemos de outras afeições que a asa
Do tempo, ingratidão, fastio, intriga,
Qualquer coisa desfaz, corrompe, arrasa.

Tudo se liga e tudo se desliga,
Mas por que não ficou em nossa casa,
Esta que foi nossa constante amiga?

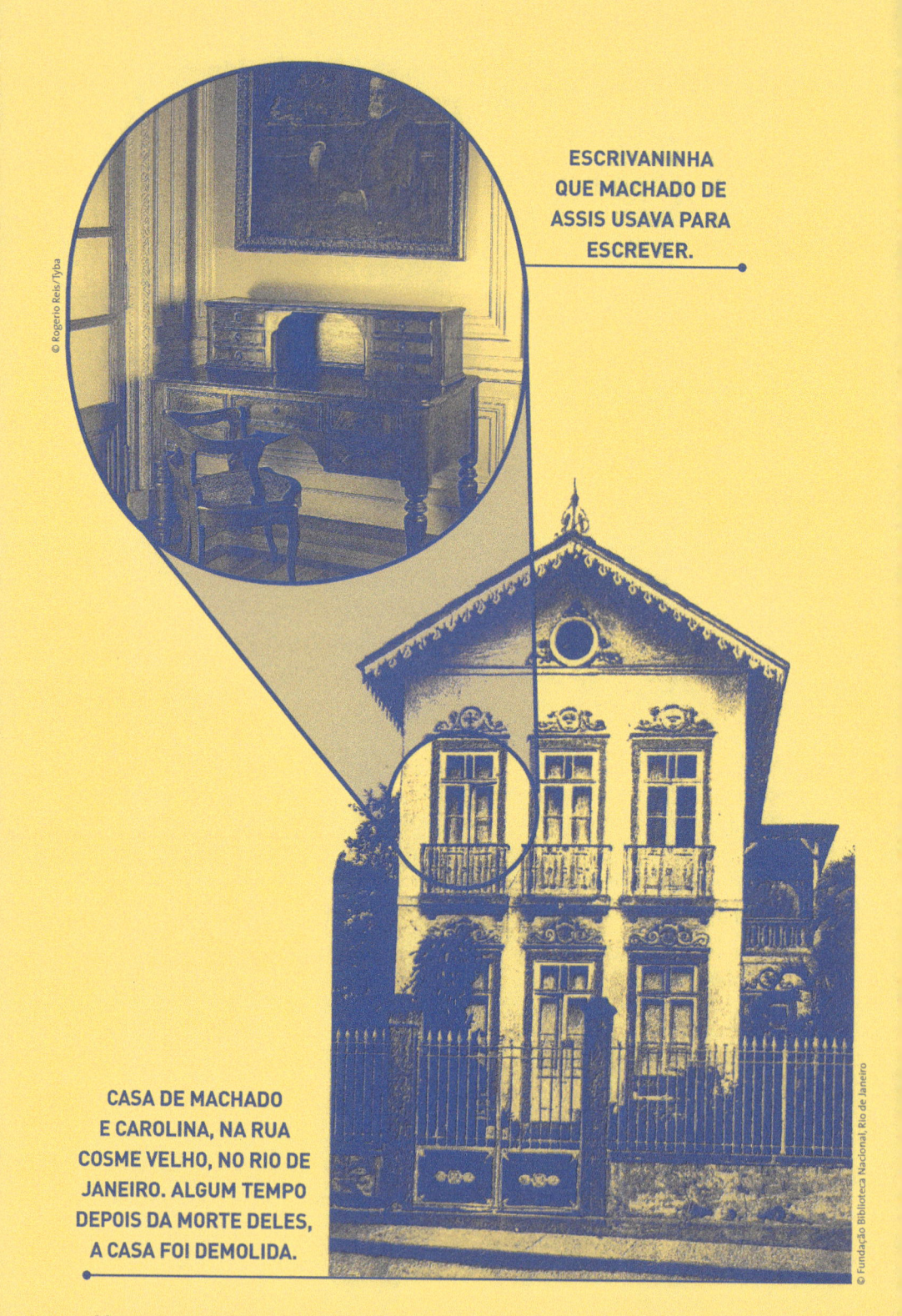

© Rogério Reis/Tyba

ESCRIVANINHA QUE MACHADO DE ASSIS USAVA PARA ESCREVER.

CASA DE MACHADO E CAROLINA, NA RUA COSME VELHO, NO RIO DE JANEIRO. ALGUM TEMPO DEPOIS DA MORTE DELES, A CASA FOI DEMOLIDA.

© Fundação Biblioteca Nacional, Rio de Janeiro

Machado e Carolina enfim se casaram em 12 de novembro de 1869.

Mas se entre eles havia muito amor, por outro lado havia pouco dinheiro, e Machado passou por várias dificuldades com os preparativos do casamento e o início da vida a dois, pois as despesas aumentaram.

No campo literário, ele era bem conhecido, escrevia contos e já havia publicado um livro de poesias — *Crisálidas* —, mas não tinha um bom ordenado fixo que pudesse garantir-lhe tranquilamente a sobrevivência, porque, como acontece com a maioria dos escritores ainda hoje, ninguém conseguia viver apenas da literatura...

Só quando Machado progrediu na carreira de funcionário público é que a vida do casal ficou mais fácil, embora não se pudesse dizer que eles eram ricos. Conseguiram alugar uma boa casa, na rua Cosme Velho, onde viveram de 1883 a 1908. Foi lá que Machado escreveu boa parte de sua obra e também onde morreram, ele e a esposa.

"Minha meiga Carolina"

Foi um casamento feliz, que consolidou o amor que sentiam. Carolina foi um apoio fundamental para Machado, que passou a dedicar-se mais a seus próprios livros.

Quanto à saúde de Machado, comenta-se que ele teria sido gago e epiléptico. Segundo alguns estudiosos, se ele sofria de gagueira, não deve ter sido uma coisa grave, pois há inúmeros testemunhos de que ele mesmo declamava suas poesias e lia textos em reuniões sociais sem nenhum problema. Quanto à epilepsia, segundo o depoimento de uma amiga de Carolina, citado pelo historiador Jean-Michel Massa, esta lhe confidenciara que "o marido sentia aquelas coisas esquisitas desde a infância". Embora não tenhamos depoimentos definitivos sobre esse problema, parece que realmente Machado de Assis, com o tempo, foi sofrendo ataques epilépticos cada vez mais constantes.

Quando Carolina morreu, Machado sentiu-se perdido. Manteve as coisas da casa como estavam no tempo de Carolina, sua companheira na vida e grande estimuladora na carreira literária.

Os amigos tentaram consolá-lo. Escreviam-lhe cartas, que ele respondia agradecido mas triste. Com o amigo Joaquim Nabuco, abriu o coração e desabafou:

"Foi-se a melhor parte da minha vida, e aqui estou só no mundo. Note que a solidão não me é enfadonha, antes me é grata, porque é um modo de viver com ela, ouvi-la, assistir aos mil cuidados que essa companheira de 35 anos de casados tinha comigo; mas não há imaginação que não acorde, e a vigília aumenta a falta da pessoa amada. Éramos velhos, e eu contava morrer antes dela, o que seria um grande favor; primeiro, porque não acharia ninguém que melhor me ajudasse a morrer; segundo, porque ela deixa alguns parentes que a consolariam das saudades, e eu não tenho nenhum. Os meus são os amigos, e verdadeiramente são os melhores, mas a vida os dispersa, no espaço, nas preocupações do espírito e na própria carreira que a cada um cabe. Aqui me fico, por ora na mesma casa, no mesmo aposento, com os mesmos adornos seus. Tudo me lembra a minha meiga Carolina. Como estou à beira do eterno aposento, não gastarei muito tempo em recordá-la. Irei vê-la, ela me esperará."

Amargurado, Machado de Assis transformou em poesia a dor que estava sentindo:

A CAROLINA

Querida, ao pé do leito derradeiro
Em que repousas dessa longa vida,
Aqui venho e virei, pobre querida,
Trazer-te o coração do companheiro.

Pulsa-lhe aquele afeto verdadeiro
Que, a despeito de toda a humana lida,
Fez a nossa existência apetecida
E num recanto pôs o mundo inteiro.

Trago-te flores, — restos arrancados
Da terra que nos viu unidos
E ora mortos nos deixa e separados.

Que eu, se tenho nos olhos malferidos
Pensamentos de vida formulados,
São pensamentos idos e vividos.

CAROLINA.

A saúde de Machado de Assis piorava. Aconteceu o que ele previra na carta a Joaquim Nabuco: "Como estou à beira do eterno aposento, não gastarei muito tempo em recordá-la". Realmente, o tempo foi curto: apenas quatro anos. No dia 29 de setembro de 1908, Machado de Assis morreu. Estava com 69 anos.

Machado e Carolina foram enterrados no cemitério São João Batista. Anos depois, seus restos foram levados ao jazigo da Academia Brasileira de Letras, onde permanecem até hoje, lado a lado.

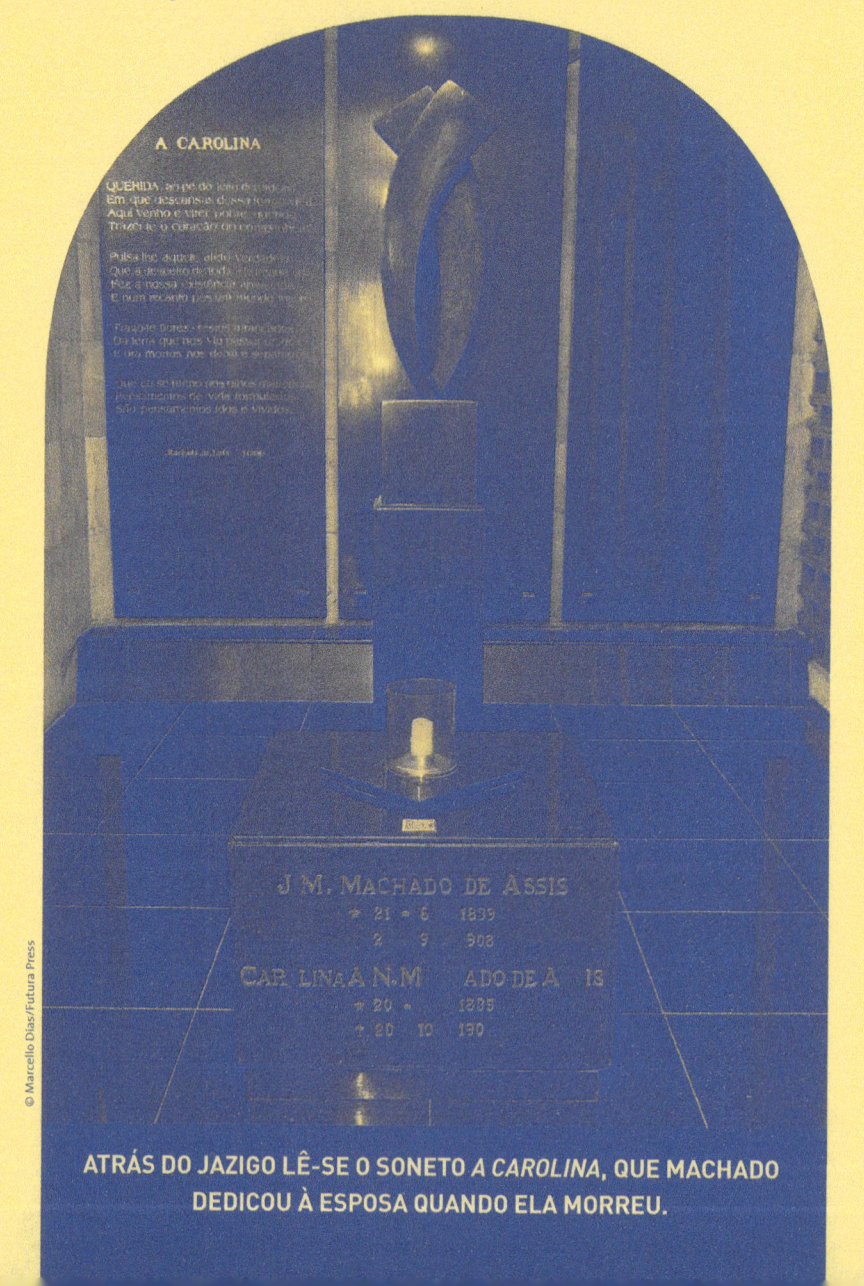

ATRÁS DO JAZIGO LÊ-SE O SONETO *A CAROLINA*, QUE MACHADO DEDICOU À ESPOSA QUANDO ELA MORREU.

ROMANCES

MACHADO POR VOLTA
DOS 40 ANOS, QUANDO
ESCREVEU *MEMÓRIAS
PÓSTUMAS DE BRÁS CUBAS.*

Machado de Assis escreveu nove romances. Nos quatro primeiros — *Ressurreição* (1872), *A mão e a luva* (1874), *Helena* (1876) e *Iaiá Garcia* (1878) —, o autor apresentou alguns traços românticos na caracterização das personagens e nos enredos. Mas a partir de 1881, com *Memórias póstumas de Brás Cubas*, ele iniciou a fase chamada realista, em que seu interesse se voltou para o exame profundo do comportamento humano, numa análise psicológica até então inédita em nossa literatura.

Essa fase realista continuou com os romances *Quincas Borba* (1891), *Dom Casmurro* (1899), *Esaú e Jacó* (1904) e *Memorial de Aires* (1908). Apresentaremos, a seguir, trechos dos romances *Memórias póstumas de Brás Cubas*, *Quincas Borba* e *Dom Casmurro*, considerados, pela crítica em geral, como os mais importantes da obra machadiana.

MEMÓRIAS PÓSTUMAS DE BRÁS CUBAS

Distante do sentimentalismo romântico e dos exageros do Naturalismo, Machado de Assis ampliou, com esta obra, as dimensões da ficção brasileira, apresentando um romance psicológico aliado a uma penetrante análise das relações humanas.

Escrito em capítulos curtos, o romance começa com Brás Cubas, o narrador, contando a própria morte; depois, em retrospectiva, ele vai narrando os principais momentos de sua vida. Recorda sua paixão juvenil pela prostituta Marcela, que o amou "durante quinze meses e onze contos de réis". O pai, assustado com as despesas do filho, decide separá-lo de Marcela e o envia a Portugal, para terminar os estudos. Brás volta doutor e logo se envolve com Virgília. Mas o namoro não o entusiasma e ela acaba se casando com Lobo Neves. Brás fica solteiro e, anos depois, reencontra Virgília e se tornam amantes. Esse amor clandestino termina quando Lobo Neves é transferido do Rio de Janeiro. Depois de um tempo, quando o casal retorna, Brás e Virgília não reatam seu relacionamento amoroso. Brás não tem um projeto definido para sua vida. Muito rico, não precisa trabalhar e vai vivendo ao sabor das circunstâncias, desiludindo seu pai, que morre sem vê-lo brilhar na vida. Brás faz amizade com um sujeito metido a filósofo chamado Quincas Borba, que mais tarde acaba enlouquecendo. Aos sessenta e quatro anos, Brás Cubas pega uma pneumonia e morre.

Em vez de oferecer uma trama cheia de peripécias e lances de suspense e emoção, como faziam os outros escritores da época, Machado apresenta uma história que não segue o esquema tradicional — começo, meio e fim. Os episódios seguem as lembranças do narrador e vão e vêm no tempo livremente.

Além disso, o romance é narrado de maneira irreverente e irônica por um "defunto autor", cujos comentários pontuam todo o texto, impregnando-o de um pessimismo radical, que vê a vida como um campo de batalha e os homens como seres corruptos, hipócritas, egoístas e oportunistas. Nada resiste a essa análise impiedosa do comportamento humano, e suas últimas palavras resumem bem essa visão amarga da existência: "Não tive filhos, não transmiti a nenhuma criatura o legado de nossa miséria".

Brás Cubas conta uma de suas aventuras amorosas — a paixão juvenil por Marcela:

17
Do trapézio e outras coisas

...Marcela amou-me durante quinze meses e onze contos de réis; nada menos. Meu pai, logo que teve aragem[2] dos onze contos, sobressaltou-se deveras; achou que o caso excedia as raias de um capricho juvenil.

— Desta vez — disse ele — vais para a Europa; vais cursar uma universidade, provavelmente Coimbra; quero-te para homem sério e não para arruador e gatuno[3]. — E como eu fizesse um gesto de espanto: — Gatuno, sim senhor; não é outra coisa um filho que me faz isso...

Sacou da algibeira os meus títulos de dívida, já resgatados por ele, e sacudiu-mos na cara.

— Vês, peralta? É assim que um moço deve zelar o nome dos seus? Pensas que eu e meus avós ganhamos o dinheiro em casas de jogo ou a vadiar pelas ruas? Pelintra[4]! Desta vez ou tomas juízo, ou ficas sem coisa nenhuma.

Estava furioso, mas de um furor temperado e curto. Eu ouvi-o calado, e nada opus à ordem da viagem, como de outras vezes fizera; ruminava a ideia de levar Marcela comigo. Fui ter com ela; expus-lhe a crise e fiz-lhe a proposta. Marcela ouviu-me com os olhos no ar, sem responder logo; como insistisse, disse-me que ficava, que não podia ir para a Europa.

— Por que não?

— Não posso — disse ela com ar dolente —, não posso ir respirar aqueles ares, enquanto me lembrar de meu pobre pai, morto por Napoleão...

— Qual deles: o hortelão ou o advogado?

Marcela franziu a testa, cantarolou uma seguidilha[5], entre dentes; depois queixou-se do calor e mandou vir um copo de aluá[6]. Trouxe-lho a mucama, numa salva[7] de prata, que fazia parte dos meus onze contos. Marcela ofereceu-me polidamente o refresco; minha resposta foi dar com a mão no copo e na salva; entornou-se-lhe o

---

1   Todos os textos e notas a seguir foram reproduzidos da nova edição do livro *Memórias póstumas de Brás Cubas*, São Paulo: Ed. Moderna, 2015.

2   Aragem: notícia.

3   Gatuno: ladrão.

4   Pelintra: malandro.

5   Seguidilha: canção popular espanhola.

6   Aluá: tipo de bebida refrescante feita com cascas de abacaxi.

7   Salva: bandeja.

líquido no regaço; a preta deu um grito, eu bradei-lhe que se fosse embora. Ficando a sós, derramei todo o desespero de meu coração; disse-lhe que ela era um monstro, que jamais me tivera amor, que me deixara descer a tudo, sem ter ao menos a desculpa da sinceridade; chamei-lhe muitos nomes feios, fazendo muitos gestos descompostos. Marcela deixara-se estar sentada, a estalar as unhas nos dentes, fria como um pedaço de mármore. Tive ímpetos de a estrangular, de a humilhar ao menos, subjugando-a a meus pés. Ia talvez fazê-lo; mas a ação trocou- -se noutra; fui eu que me atirei aos pés dela, contrito e súplice; beijei-lhos, recordei aqueles meses da nossa felicidade solitária, repeti-lhe os nomes queridos de outro tempo, sentado no chão, com a cabeça entre os joelhos dela, apertando-lhe muito as mãos; ofegante, desvairado, pedi-lhe com lágrimas que me não desamparasse... Marcela esteve alguns instantes a olhar para mim, calados ambos, até que brandamente me desviou e, com um ar enfastiado:

— Não me aborreça — disse.

Levantou-se, sacudiu o vestido, ainda molhado, e caminhou para a alcova.

— Não — bradei eu —, não hás de entrar... Não quero... — Ia a lançar-lhe as mãos: era tarde; ela entrara e fechara-se.

Saí desatinado; gastei duas mortais horas em vaguear pelos bairros mais excêntricos[1] e desertos, onde fosse difícil dar comigo. Ia mastigando o meu desespero, com uma espécie de gula mórbida; evocava os dias, as horas, os instantes de delírio, e ora me comprazia em crer que eles eram eternos, que tudo aquilo era um pesadelo, ora, enganando-me a mim mesmo, tentava rejeitá-los de mim, como um fardo inútil. Então resolvia embarcar imediatamente para cortar a minha vida em duas metades, e deleitava-me com a ideia de que Marcela, sabendo da partida, ficaria ralada de saudades e remorsos. Que ela amara-me, a tonta, devia de sentir alguma coisa, uma lembrança qualquer, como do alferes Duarte... Nisso, o dente do ciúme enterrava-se- -me no coração; toda a natureza bradava que era preciso levar Marcela comigo.

— Por força... Por força... — dizia eu ferindo o ar com uma punhada[2].

Enfim, tive uma ideia salvadora... Ah! Trapézio dos meus pecados, trapézio das concepções abstrusas[3]! A ideia salvadora trabalhou nele, como a do emplasto (capítulo 2). Era nada menos que fasciná-la, fasciná-la muito, deslumbrá-la, arrastá-la; lembrou-me pedir-lhe por um meio mais concreto do que a súplica. Não medi as consequências: recorri a um derradeiro empréstimo; fui à Rua dos Ourives, comprei a melhor joia da cidade, três diamantes grandes, encastoados num pente de marfim; corri à casa de Marcela.

---

1   **Excêntricos: distantes.**
2   **Punhada: soco.**
3   **Abstrusas: confusas.**

Marcela estava reclinada numa rede, o gesto mole e cansado, uma das pernas pendentes, a ver-se-lhe o pezinho calçado de meia de seda, os cabelos soltos, derramados, o olhar quieto e sonolento.

— Vem comigo — disse eu —, arranjei recursos... Temos muito dinheiro, terás tudo o que quiseres... Olha, toma.

E mostrei-lhe o pente com os diamantes. Marcela teve um leve sobressalto, ergueu metade do corpo e, apoiada num cotovelo, olhou para o pente durante alguns instantes curtos; depois retirou os olhos; tinha-se dominado. Então, eu lancei-lhes as mãos aos cabelos, coligi-os, enlacei-os à pressa, improvisei um toucado[1], sem nenhum alinho, e rematei-o com o pente de diamantes; recuei, tornei a aproximar-me, corrigi-lhes as madeixas, abaixei-as de um lado, busquei alguma simetria naquela desordem, tudo com uma minuciosidade e um carinho de mãe.

— Pronto — disse eu.

— Doido! — foi a sua primeira resposta.

A segunda foi puxar-me para si e pagar-me o sacrifício com um beijo, o mais ardente de todos. Depois tirou o pente, admirou muito a matéria e o lavor[2], olhando a espaços para mim e abanando a cabeça, com um ar de repreensão:

— Ora você! — dizia.

— Vens comigo?

Marcela refletiu um instante. Não gostei da expressão com que passeava os olhos de mim para a parede, e da parede para a joia; mas toda a má impressão se desvaneceu quando ela me respondeu resolutamente:

— Vou. Quando embarcas?

— Daqui a dois ou três dias.

— Vou.

Agradeci-lho de joelhos. Tinha achado a minha Marcela dos primeiros dias, e disse-lho; ela sorriu, e foi guardar a joia, enquanto eu descia a escada.

---

1   Toucado: penteado.
2   Lavor: trabalho, acabamento.

1. "... Marcela amou-me durante quinze meses e onze contos de réis, nada menos". Considerando-se que onze contos era uma grande quantia na época, em que sentido essa forma de falar do amor é completamente antirromântica? Que concepção de amor ela expressa?

2. Diante da recusa de Marcela em viajar, Brás Cubas toma duas atitudes diferentes com a intenção de persuadi-la a mudar de ideia. Quais são essas atitudes? E qual delas dá certo?

3. Ao pagar "o sacrifício com um beijo, o mais ardente de todos", Marcela deixa clara sua concepção de amor. Explique-a.

Texto 2 – Capítulo 21

Brás Cubas está regressando ao Brasil, depois de uns tempos numa universidade de Portugal, onde mais vadiou do que efetivamente estudou. No caminho de casa, sofre um acidente que quase lhe tira a vida:

21
O almocreve[1]

Vai então, empacou o jumento em que eu vinha montado; fustiguei-o, ele deu dois corcovos[2], depois mais três, enfim mais um, que me sacudiu fora da sela, com tal desastre que o pé esquerdo me ficou preso no estribo; tento agarrar-me ao ventre do animal, mas já então, espantado, disparou pela estrada fora. Digo mal: tentou disparar, e efetivamente deu dois saltos, mas um almocreve, que ali estava, acudiu a tempo de lhe pegar na rédea e detê-lo, não sem esforço nem perigo. Dominado o bruto, desvencilhei-me do estribo e pus-me de pé.

— Olhe do que vosmecê escapou — disse o almocreve.

E era verdade; se o jumento corre por ali fora, contundia-me deveras, e não sei se a morte não estaria no fim do desastre; cabeça partida, uma congestão, qualquer transtorno cá dentro, lá se me ia a ciência em flor. O almocreve salvara-me talvez a vida; era positivo; eu sentia-o no sangue que me agitava o coração. Bom

---

1 Almocreve: homem que tem por ofício conduzir animais de carga.
2 Corcovos (ó): pinotes, saltos.

almocreve! Enquanto eu tornava à consciência de mim mesmo, ele cuidava de consertar os arreios do jumento, com muito zelo e arte. Resolvi dar-lhe três moedas de ouro das cinco que trazia comigo; não porque tal fosse o preço da minha vida, essa era inestimável; mas porque era uma recompensa digna da dedicação com que ele me salvou. Está dito, dou-lhe as três moedas.

— Pronto — disse ele, apresentando-me a rédea da cavalgadura.

— Daqui a nada[1] — respondi —, deixa-me, que ainda não estou em mim...

— Ora qual!

— Pois não é certo que ia morrendo?

— Se o jumento corre por aí fora, é possível; mas, com a ajuda do Senhor, viu vosmecê que não aconteceu nada.

Fui aos alforjes[2], tirei um colete velho, em cujo bolso trazia as cinco moedas de ouro, e durante esse tempo cogitei se não era excessiva a gratificação, se não bastavam duas moedas. Talvez uma. Com efeito, uma moeda era bastante para lhe dar estremeções de alegria. Examinei-lhe a roupa; era um pobre-diabo, que nunca jamais vira uma moeda de ouro. Portanto, uma moeda. Tirei-a, vi-a reluzir à luz do sol; não a viu o almocreve, porque eu tinha-lhe voltado as costas; mas suspeitou-o talvez, entrou a falar ao jumento de um modo significativo; dava-lhe conselhos, dizia-lhe que tomasse juízo, que o "senhor doutor" podia castigá-lo; um monólogo paternal. Valha-me Deus! Até ouvi estalar um beijo: era o almocreve que lhe beijava a testa.

— Olé! — exclamei.

— Queira vosmecê perdoar, mas o diabo do bicho está a olhar para a gente com tanta graça...

Ri-me, hesitei, meti-lhe na mão um cruzado em prata, cavalguei o jumento e segui a trote largo, um pouco vexado, melhor direi um pouco incerto do efeito da pratinha. Mas, a algumas braças de distância, olhei para trás, o almocreve fazia-me grandes cortesias, com evidentes mostras de contentamento. Adverti que devia ser assim mesmo; eu lhe pagara bem, pagara-lhe talvez demais. Meti os dedos no bolso do colete que trazia no corpo e senti umas moedas de cobre; eram os vinténs que eu devera ter dado ao almocreve, em lugar do cruzado em prata. Porque, enfim, ele não levou em mira nenhuma recompensa ou virtude, cedeu a um impulso natural, ao temperamento, aos hábitos do ofício; acresce que a circunstância de estar, não mais adiante nem mais atrás, mas justamente no ponto do desastre, parecia constituí-lo simples instrumento da Providência; e, de um ou de outro modo, o mérito do ato era positivamente nenhum. Fiquei desconsolado com essa reflexão,

1   Daqui a nada: daqui a pouco.
2   Alforjes: duplo saco, fechado nas extremidades e aberto no meio, formando duas bolsas. Geralmente é usado para levar pertences em montarias.

chamei-me pródigo[1], lancei o cruzado à conta das minhas dissipações[2] antigas; tive (por que não direi tudo?) tive remorsos[3].

1. **Assim que foi salvo pelo almocreve, que recompensa Brás Cubas pensa em dar a ele? Mas, na hora de ir embora, o que ele efetivamente deu ao rapaz? Quais justificativas Brás Cubas dá a si mesmo por ter mudado de ideia?**

2. **Na verdade, o que levou Brás Cubas a mudar o valor da recompensa?**

3. **No final, Brás Cubas diz que teve "remorsos". De quê?**

4. **Podemos dizer que esse episódio revela o contraste entre a aparência e a essência do comportamento humano?**

Texto 3 – Capítulo 45

Neste capítulo, Brás Cubas fala do velório do pai:

45
Notas

Soluços, lágrimas, casa armada, veludo preto nos portais, um homem que veio vestir o cadáver, outro que tomou a medida do caixão, caixão, essa[4], tocheiros, convites, convidados que entravam, lentamente, a passo surdo, e apertavam a mão à família, alguns tristes, todos sérios e calados, padre e sacristão, rezas, aspersões d'água benta, o fechar do caixão a prego e martelo, seis pessoas que o tomam da essa, e o levantam, e o descem a custo pela escada, não obstante os gritos, soluços e novas lágrimas da família, e vão até o coche fúnebre, e o colocam em cima e transpassam e apertam as correias, o rodar do coche, o rodar dos carros, um a um... Isso que parece um simples inventário eram notas que eu havia tomado para um capítulo triste e vulgar que não escrevo.

---

1   Pródigo: **esbanjador.**
2   Dissipações: **desperdícios.**
3   Este capítulo exemplifica bem a riqueza da análise psicológica feita por Machado de Assis, que desnuda o íntimo das personagens para revelar os verdadeiros motivos de seus atos.
4   Essa: **estrado alto onde se coloca o caixão de defunto durante o velório.**

1. O procedimento de composição desse capítulo é o mesmo usado nos capítulos anteriores? Justifique.

2. Dizemos que ocorre a metalinguagem quando usamos a linguagem para falar dela mesma. O exemplo típico é o dicionário. Mas a metalinguagem pode ocorrer na literatura, quando o narrador comenta a própria elaboração do texto que está escrevendo. Podemos dizer que esse capítulo é um exemplo de metalinguagem? Por quê?

Texto 4 – Capítulo 55

Brás Cubas e Virgília estão apaixonados. À noite, sozinho na cama, Brás Cubas imagina que seus pensamentos voaram e foram à casa de Virgília para "conversar" com os pensamentos dela:

55
O velho diálogo de Adão e Eva

Brás Cubas

...?

Virgília

...

Brás Cubas

....

......

Virgília

.....!

Brás Cubas

......

Virgília

....

.......?

....

Brás Cubas

....

Virgília

....

Brás Cubas

..............................!...!...................!

Virgília

........?

Brás Cubas

.....!

Virgília

.....!

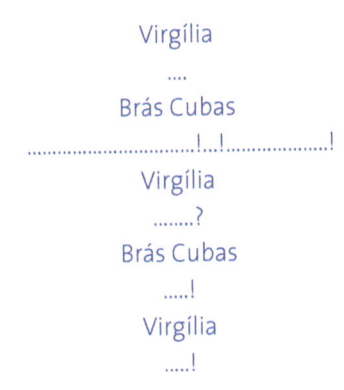

1. Observe a criatividade do autor na elaboração desse capítulo. O capítulo não revela o conteúdo do diálogo, mostra somente os sinais de pontuação; os espaços em branco podem ser preenchidos pelo leitor. Que diálogo você imagina que pode haver entre duas pessoas apaixonadas?

2. Pode-se dizer que uma conversa amorosa de pessoas apaixonadas não tem muita novidade, é sempre o "velho diálogo de Adão e Eva"? Por quê?

Textos 5 e 6 – Capítulos 68 e 69

Andando na rua, Brás Cubas encontra Prudêncio, um antigo escravo de sua família:

68
O vergalho

Tais eram as reflexões que eu vinha fazendo, por aquele Valongo[1] fora, logo depois de ver e ajustar a casa. Interrompeu-mas um ajuntamento; era um preto que vergalhava[2] outro na praça. O outro não se atrevia a fugir; gemia somente estas únicas palavras: "Não, perdão, meu senhor; meu senhor, perdão!" Mas o primeiro não fazia caso, e, a cada súplica, respondia com uma vergalhada nova.

— Toma, diabo! — dizia ele —, toma mais perdão, bêbado!

---

1   Valongo: bairro onde havia vários locais de venda e compra de escravos.
2   Vergalhava: chicoteava, açoitava.

— Meu senhor! — gemia o outro.

— Cala a boca, besta! — replicava o vergalho.

Parei, olhei... Justos céus! Quem havia de ser o do vergalho! Nada menos que o meu moleque Prudêncio — o que meu pai libertara alguns anos antes. Cheguei-me; ele deteve-se logo e pediu-me a bênção; perguntei-lhe se aquele preto era escravo dele.

— É, sim, nhonhô.

— Fez-te alguma coisa?

— É um vadio e um bêbado muito grande. Ainda hoje deixei ele[1] na quitanda, enquanto eu ia lá embaixo na cidade, e ele deixou a quitanda para ir na venda beber.

— Está bom, perdoa-lhe — disse eu.

— Pois não, nhonhô. Nhonhô manda, não pede. Entra para casa, bêbado!

Saí do grupo, que me olhava espantado e cochichava as suas conjeturas. Segui caminho, a desfiar uma infinidade de reflexões, que sinto haver inteiramente perdido; aliás, seria matéria para um bom capítulo, e talvez alegre. Eu gosto dos capítulos alegres; é o meu fraco. Exteriormente, era torvo[2] o episódio do Valongo; mas só exteriormente. Logo que meti mais dentro a faca do raciocínio achei-lhe um miolo gaiato[3], fino, e até profundo. Era um modo que o Prudêncio tinha de se desfazer das pancadas recebidas — transmitindo-as a outro. Eu, em criança, montava-o, punha-lhe um freio na boca, e desancava-o[4] sem compaixão; ele gemia e sofria. Agora, porém, que era livre, dispunha de si mesmo, dos braços, das pernas, podia trabalhar, folgar, dormir, desagrilhoado[5] da antiga condição, agora é que ele se desbancava[6]: comprou um escravo, e ia-lhe pagando, com alto juro, as quantias que de mim recebera. Vejam as sutilezas do maroto![7]

69

Um grão de sandice

Esse caso faz-me lembrar um doido que conheci. Chamava-se Romualdo e dizia ser Tamerlão[8]. Era a sua grande e única mania, e tinha uma curiosa maneira de a explicar.

---

1   "Deixei ele": repare no registro da forma coloquial da fala do ex-escravo.

2   Torvo: sinistro, sombrio, obscuro.

3   Gaiato: travesso, malandro.

4   Desancava-o: espancava-o.

5   Desagrilhoado: livre.

6   Se desbancava: se excedia.

7   Embora já tivesse sentido na pele a dor e a humilhação do chicote, o ex-escravo faz o mesmo com outro negro. O ser humano é representado como egoísta e cruel, não importando a cor da sua pele.

8   Tamerlão (1336-1405): célebre conquistador tártaro.

— Eu sou o ilustre Tamerlão — dizia ele. — Outrora fui Romualdo, mas adoeci, e tomei tanto tártaro, tanto tártaro, tanto tártaro, que fiquei tártaro[1], e até rei dos tártaros. O tártaro tem a virtude de fazer tártaros.

Pobre Romualdo! A gente ria da resposta, mas é provável que o leitor não se ria, e com razão; eu não lhe acho graça nenhuma. Ouvida, tinha algum chiste[2]; mas assim contada, no papel, e a propósito de um vergalho recebido e transferido, força é confessar que é muito melhor voltar à casinha da Gamboa; deixemos os Romualdos e Prudêncios.

1. **Que interpretação faz Brás Cubas do castigo imposto por Prudêncio ao escravo?**

2. **Considerando as construções "deixei ele na quitanda" e "para ir na venda beber", que pertencem à fala do Prudêncio, que observações você pode fazer sobre o nível de linguagem usado pelo narrador e pelo ex-escravo.**

3. **Que relação podemos estabelecer entre esse capítulo e o anterior? O que pode haver em comum entre esse Romualdo e Prudêncio?**

4. **Os capítulos 68 e 69 podem ser vistos como uma forma de crítica à sociedade brasileira escravocrata da época? Justifique.**

***

---

1   Tártaro: preparado farmacêutico usado de forma medicamentosa como vomitório. Mas tártaro também designa um povo que habitava vastas extensões da Ásia.

2   Chiste: graça.

QUINCAS BORBA

O enredo de *Quincas Borba*, publicado em 1891, gira em torno da vida de Rubião, amigo e enfermeiro particular do filósofo maluco Quincas Borba, personagem que já aparecera no romance *Memórias póstumas de Brás Cubas*, de 1881.

Quincas Borba vivia em Barbacena, Minas Gerais, e era muito rico. Ao morrer, deixa ao amigo Rubião toda a sua fortuna. Este resolve trocar a pacata vida provinciana pela agitação da corte e muda-se para o Rio de Janeiro. Leva consigo um cão, também chamado Quincas Borba, que pertencera ao filósofo e do qual deveria cuidar sob pena de perder a herança.

Durante a viagem de trem para o Rio de Janeiro, Rubião trava amizade com o casal Sofia e Cristiano Palha, que logo percebem estar diante de um rico e ingênuo provinciano. Atraído pela amabilidade do casal e, sobretudo, pela beleza de Sofia, Rubião passa a frequentar a casa deles no Rio, confiando cegamente ao novo amigo, um esperto comerciante, a administração de todos os seus bens.

Com o tempo, Rubião sente-se cada vez mais atraído por Sofia, que mantém com ele uma atitude esquiva, encorajando-o e ao mesmo tempo impondo uma certa distância. Por outro lado, a ingenuidade de Rubião torna-o presa fácil de várias outras pessoas interesseiras e oportunistas, que se aproximam dele apenas para explorá-lo financeiramente. Depois de alguns anos, Rubião começa a manifestar os sintomas da loucura que o levará à morte, a mesma loucura de que fora vítima seu amigo, o filósofo Quincas Borba. Reduzido à miséria, é abandonado pelos amigos e desprezado pelo casal Palha, que enriqueceu apropriando-se de sua fortuna. É internado numa casa de saúde de onde foge para Barbacena, junto com o cão. E lá morre, completamente alienado, imaginando-se um imperador.

Enlouquecido e explorado até ficar reduzido à miséria, o destino trágico de Rubião exemplifica a tese do Humanitismo, teoria inventada pelo filósofo maluco Quincas Borba, de que a vida é um campo de batalha onde só os mais fortes sobrevivem. Conforme diz o crítico Antonio Candido: "No fim, pobre e louco, ele morre abandonado; mas em compensação, como queria a filosofia do Humanitismo, Palha e Sofia estão ricos e considerados, dentro da mais perfeita normalidade social. Os fracos e os puros foram sutilmente manipulados como coisas e em seguida são postos de lado pelo próprio mecanismo da narrativa, que os cospe de certo modo e se concentra nos triunfadores, acabando por deixar no leitor uma dúvida sarcástica e cheia de subentendidos: o nome do livro designa o filósofo ou o cachorro, o homem ou o animal, que condicionaram ambos o destino de

Rubião? Este começa como simples homem, chega na sua loucura a julgar-se imperador e acaba como um pobre bicho, fustigado pela fome e a chuva no mesmo nível que seu cachorro".

Quincas Borba é um dos pontos mais altos da obra de Machado de Assis. Acompanhando a trajetória de Rubião, vamos percebendo como funciona a engrenagem social, como ocorre a coisificação das pessoas, o jogo das vaidades, as lutas pelo poder político e pela ascensão social e econômica. Dessa maneira, ao lado da sutil e penetrante análise psicológica dos personagens, o romance apresenta também um quadro bastante crítico das relações sociais no Brasil no final do século XIX.

Texto 1 – Capítulo 6
O "filósofo" Quincas Borba explica a Rubião sua teoria chamada Humanitismo:

6

[...]

— E que Humanitas é esse?

— Humanitas é o princípio. Mas não, não digo nada, tu não és capaz de entender isto, meu caro Rubião; falemos de outra coisa.

— Diga sempre.

Quincas Borba, que não deixara de andar, parou alguns instantes.

— Queres ser meu discípulo?

— Quero.

— Bem, irás entendendo aos poucos a minha filosofia; no dia em que a houveres penetrado inteiramente[1], ah! nesse dia terás o maior prazer da vida, porque não há vinho que embriague como a verdade. Crê-me, o Humanitismo é o remate das coisas; e eu, que o formulei, sou o maior homem do mundo. Olha, vês como o meu bom Quincas Borba[2] está olhando para mim? Não é ele, é Humanitas...

— Mas que Humanitas é esse?

— Humanitas é o principio. Há nas coisas todas certa substância recôndita e idêntica, um princípio único, universal, eterno, comum, indivisível e indestrutível, — ou, para usar a linguagem do grande Camões:

> *Uma verdade que nas coisas anda,*
> *Que mora no visíbil e invisíbil.*

---

1   **Houveres penetrado inteiramente: houveres compreendido perfeitamente.**
2   **Quincas Borba: alusão ao cachorro, que tem o mesmo nome que o filósofo maluco.**

Pois essa sustância ou verdade, esse princípio indestrutível é que é Humanitas. Assim lhe chamo, porque resume o universo, e o universo é o homem. Vais entendendo?

— Pouco; mas, ainda assim, como é que a morte de sua avó...

— Não há morte. O encontro de duas expansões, ou a expansão de duas formas, pode determinar a supressão de uma delas; mas, rigorosamente, não há morte, há vida, porque a supressão de uma é a condição da sobrevivência da outra, e a destruição não atinge o princípio universal e comum. Daí o caráter conservador e benéfico da guerra. Supõe tu um campo de batatas e duas tribos famintas. As batatas apenas chegam para alimentar uma das tribos, que assim adquire forças para transpor a montanha e ir à outra vertente, onde há batatas em abundância; mas, se as duas tribos dividirem em paz as batatas do campo, não chegam a nutrir-se suficientemente e morrem de inanição. A paz, nesse caso, é a destruição; a guerra é a conservação. Uma das tribos extermina a outra e recolhe os despojos. Daí a alegria da vitória, os hinos, aclamações, recompensas públicas e todos demais efeitos das ações bélicas. Se a guerra não fosse isso, tais demonstrações não chegariam a dar-se, pelo motivo real de que o homem só comemora e ama o que lhe é aprazível ou vantajoso, e pelo motivo racional de que nenhuma pessoa canoniza[1] uma ação que virtualmente a destrói. Ao vencido, ódio ou compaixão; ao vencedor, as batatas.

[...]

1. **Segundo Quincas Borba, por que o Humanitismo explicaria e justificaria as guerras?**

2. **"Ao vencedor, as batatas": em que sentido essa frase sintetiza o Humanitismo pregado por Quincas Borba?**

Textos 2, 3 e 4 – Capítulos 39, 41 e 42

Rubião está cada vez mais apaixonado por Sofia, que não corresponde mas também não o evita. Durante uma reunião social na casa dela, os dois vão passear no jardim:

39

A lua era magnífica. No morro, entre o céu e a planície, a alma menos audaciosa era capaz de ir contra um exército inimigo, e destroçá-lo. Vede o que não seria com este

---

1   Canoniza: valoriza, elogia.

exército amigo. Estavam no jardim. Sofia enfiara o braço no dele, para irem ver a lua. Convidara Dona Tonica, mas a pobre dama respondeu que tinha um pé dormente, que já ia, e não foi.

Os dois ficaram calados algum tempo. Pelas janelas abertas viam-se as outras pessoas conversando, e até os homens, que tinham acabado o voltarete[1]. O jardim era pequeno; mas a voz humana tem todas as notas, e os dois podiam dizer poemas sem ser ouvidos.

Rubião lembrou-se de uma comparação velha, mui velha, apanhada em não sei que décima[2] de 1850, ou qualquer outra página em prosa de todos os tempos. Chamou aos olhos de Sofia as estrelas da terra, e às estrelas os olhos do céu. Tudo isso baixinho e trêmulo.

Sofia ficou pasmada. De súbito endireitou o corpo, que até ali viera pesando no braço do Rubião. Estava tão acostumada à timidez do homem... Estrelas? olhos? Quis dizer que não caçoasse com ela, mas não achou como dar forma à resposta, sem rejeitar uma convicção que também era sua, ou então sem animá-lo a ir adiante. Daí um longo silêncio.

— Com uma diferença — continuou Rubião. — As estrelas são ainda menos lindas que os seus olhos, e afinal nem sei mesmo o que elas sejam; Deus, que as pôs tão alto, é porque não poderão ser vistas de perto, sem perder muito da formosura... Mas os seus olhos, não; estão aqui, ao pé de[3] mim, grandes, luminosos, mais luminosos que o céu...

Loquaz[4], destemido, Rubião parecia totalmente outro. Não parou ali; falou ainda muito, mas não deixou o mesmo círculo de ideias. Tinha poucas; e a situação, apesar da repentina mudança do homem, tendia antes a cerceá-las, que a inspirar-lhe novas. Sofia é que não sabia que fizesse. Trouxera ao colo um pombinho, manso e quieto, e saía-lhe um gavião, — um gavião adunco[5] e faminto.

Era preciso responder, fazê-lo parar, dizer que ia por onde ela não queria ir, e tudo isso, sem que ele se zangasse, sem que se fosse embora... Sofia procurava alguma coisa; não achava, porque esbarrava na questão, para ela insolúvel, se era melhor mostrar que entendia, ou que não entendia. Aqui lembraram-lhe os próprios gestos dela, as palavrinhas doces, as atenções particulares; concluía que, em tal situação, não podia ignorar o sentido das finezas do homem. Mas confessar que entendia, e não despedi-lo de casa, eis aí o ponto melindroso.

1   Voltarete: tipo de jogo de cartas da época.
2   Décima: estrofe de dez versos.
3   Ao pé de: junto a.
4   Loquaz: falante.
5   Adunco: que tem o bico em forma de gancho; aqui, tem o sentido também de feroz, ameaçador.

41

— Vamos para dentro — murmurou Sofia.

Quis tirar o braço; mas o dele reteve-lho[1] com força. Não; ir para quê? Estavam ali bem, muito bem... Que melhor? Ou seria que ele a estivesse aborrecendo? Sofia acudiu que não, ao contrário; mas precisava ir fazer sala às visitas... Há quanto tempo estavam ali!

— Não há dez minutos — disse o Rubião. — Que são dez minutos?

— Mas podem ter dado pela nossa ausência.

Rubião estremeceu diante deste possessivo: *nossa* ausência. Achou-lhe um princípio de cumplicidade. Concordou que podiam dar pela *nossa* ausência. Tinha razão, deviam separar-se; só lhe pedia uma coisa, duas coisas; a primeira é que não esquecesse aqueles dez minutos sublimes; a segunda é que, todas as noites, às dez horas, fitasse o Cruzeiro, ele o fitaria também, e os pensamentos de ambos iriam achar-se ali juntos, íntimos, entre Deus e os homens.

O convite era poético, mas só o convite. Rubião ia devorando a moça com olhos de fogo, e segurava-lhe uma das mãos para que ela não fugisse. Nem os olhos nem o gesto tinham poesia nenhuma. Sofia esteve a ponto de dizer alguma palavra áspera, mas engoliu-a logo, ao advertir que Rubião era um bom amigo da casa. Quis rir, mas não pôde; mostrou-se então arrufada[2], logo depois resignada, afinal suplicante; pediu-lhe pela alma da mãe dele, que devia estar no céu... Rubião não sabia do céu nem da mãe, nem de nada. Que era mãe? que era céu? parecia dizer a cara dele.

— Ai, não me quebre os dedos! — suspirou baixinho a moça.

Aqui é que ele começou a voltar a si; afrouxou a pressão, sem soltar-lhe os dedos.

— Vá — disse ele —, mas primeiro...

Inclinava-se para beijar a mão, quando uma voz, a alguns passos, veio acordá-lo inteiramente.

42

— Olá! Estão apreciando a lua? Realmente, está deliciosa; está uma noite para namorados... Sim, deliciosa... Há muito que não vejo uma noite assim... Olhem só para

---

1   Reteve-lho: construção que equivale a "reteve-lhe o braço", isto é, reteve o seu braço. A junção do pronome *lhe* + *o* é um uso tipicamente lusitano. Ao longo do romance, há outros exemplos dessa construção, inclusive com outros pronomes, como mo (*me* + *o*), lha (*lhe* + *a*) etc.

2   Arrufada: aborrecida, incomodada.

baixo, os bicos de gás... Deliciosa! para namorados... Os namorados gostam sempre da lua. No meu tempo, em Icaraí...

Era Siqueira, o terrível major. Rubião não sabia que dissesse; Sofia, passados os primeiros instantes readquiriu a posse de si mesma; respondeu que, em verdade, a noite era linda; depois contou que Rubião teimava em dizer que as noites do Rio não podiam comparar-se às de Barbacena, e, a propósito disso, referira uma anedota de um padre Mendes... Não era Mendes?

— Mendes, sim, o padre Mendes — murmurou Rubião.

O major mal podia conter o assombro. Tinha visto as duas mãos presas, a cabeça do Rubião meia inclinada, o movimento rápido de ambos, quando ele entrou no jardim; e sai-lhe de tudo isto um padre Mendes...

Olhou para Sofia; viu-a risonha, tranquila, impenetrável. Nenhum medo, nenhum acanhamento; falava com tal simplicidade, que o major pensou ter visto mal. Mas Rubião estragou tudo. Vexado, calado, não fez mais que tirar o relógio para ver as horas, levá-lo ao ouvido, como se lhe parecesse que não andava, depois limpá-lo com o lenço, devagar, devagar, sem olhar para um nem para outro..

— Bem, conversem, vou ver as amigas, que não podem estar sós. Os homens já acabaram o maldito voltarete?

— Já — respondeu o major olhando curiosamente para Sofia. — Já e até perguntaram por este senhor; por isso é que eu vim ver se o achava no jardim. Mas estavam aqui há muito tempo?

— Agora mesmo — disse Sofia.

Depois, batendo carinhosamente no ombro do major, passou do jardim à casa; não entrou pela porta da sala de visitas, mas por outra que dava para a de jantar, de maneira que, quando chegou àquela pelo interior, era como se acabasse de dar ordens para o chá.

[...]

1. O que o narrador quis dizer ao afirmar que Sofia trouxera "ao colo um pombinho, manso e quieto, e saía-lhe um gavião, — um gavião adunco e faminto"?

2. Refletindo sobre o que está acontecendo no jardim, Sofia parece encontrar alguns motivos da parte dela que poderiam explicar o comportamento de Rubião. Quais seriam eles?

3. Qual era o "ponto melindroso" que deixou Sofia sem saber como reagir diante das palavras que Rubião lhe dirigia?

4. **Os comentários do major Siqueira, assim que ele entrou no jardim, incomodaram muito Sofia. Por quê?**

5. **Por que, segundo o narrador, diante do major, Rubião confirmava o que Sofia tão naturalmente conseguia encobrir?**

Texto 5 - Capítulo 50

O capítulo a seguir é um dos mais importantes do romance. Acabada a reunião na casa deles, Cristiano Palha e Sofia recolhem-se aos seus aposentos e conversam:

50

[...]

Sofia, reclinada no canapé, ria das graças do marido. Criticaram ainda alguns episódios da tarde e da noite; depois, Sofia, acariciando os cabelos do marido, disse--lhe de repente:

— E você ainda não sabe do melhor episódio da noite.

— Que foi?

— Adivinhe.

Palha ficou algum tempo calado, olhando para a mulher, a ver se adivinhava qual tinha sido o melhor episódio da noite. Não podia acertar; acudia-lhe isto ou aquilo, nada; Sofia abanava a cabeça.

— Mas então que foi?

— Não sei; adivinha.

— Não posso. Dize logo.

— Com uma condição — acudiu ela —, não quero zangas nem barulhos...

Palha foi ficando mais sério. Zangas? barulhos? Que diabo podia ser? pensava ele. Já se não ria; tinha só um resto de sorriso forçado e resignado. Olhou bem para ela, e perguntou-lhe o que era.

— Você promete o que lhe disse?

— Vá lá. Que foi?

— Pois saiba que ouvi nada menos que uma declaração de amor.

Palha empalideceu. Não prometera deixar de empalidecer. Gostava da mulher, como sabemos, até o ponto singular de publicá-la[1]; não podia ouvir a frio a notícia. Sofia viu a palidez, e gostou da má impressão causada; para saboreá-la mais, inclinou o busto, soltou o cabelo atrás, que a incomodava um pouco, recolheu os

---

1   Publicá-la: isto é, Palha gostava de exibir a mulher, que era muito bonita e chamava a atenção de todos.

grampos em um lenço, depois sacudiu a cabeça, respirou largo, e pegou nas mãos do marido, que ficara de pé.

— É verdade, meu velho, namoraram-te a mulher.

— Mas quem foi o patife? — disse ele impaciente.

— Mau, se vamos assim, não digo nada. Quem foi? Quer saber quem foi? Há de ouvir sossegado. Foi o Rubião.

— O Rubião?

— Nunca imaginei tanto. Parecia-me acanhado e respeitoso; fica sabendo que não é o hábito que faz o monge. De tantos homens que aqui vêm não ouvi nunca o menor dito. Olham para mim; naturalmente, porque não sou feia... Para que estás andando assim de um lado para outro? Para, que não quero levantar a voz... Bem, assim... Vamos ao caso. Não me fez declaração positiva...

— Ah! não? — acudiu vivamente o marido.

— Não, mas vem a dar na mesma.

E depois de contar o que se passara no jardim, desde que ali chegaram os dois, até que o major apareceu:

— Foi só isto — concluiu —; mas é bastante para ver que se ele não disse amor é porque não lhe chegou a língua, mas chegou-lhe a mão, que me apertou os dedos... Só isso, e é demais. Ainda bem que te não zangas; mas é preciso trancar-lhe a porta, — ou de uma vez ou aos poucos; eu preferia logo, mas estou por tudo. Como achas melhor?

Mordendo o beiço inferior, Palha ficou a olhar para ela a modo de estúpido. Sentou-se no canapé calado. Considerava o negócio. Achava natural que as gentilezas da esposa chegassem a cativar um homem, — e Rubião podia ser esse homem [...]. Nunca, entretanto, lhe passou pela cabeça que o amigo chegasse a declarar amor a alguém, menos ainda a Sofia, se é que era amor deveras; podia ser gracejo de intimidade. Rubião olhava para ela muita vez, é certo; parece também que Sofia, em algumas ocasiões, pagava os olhares com outros... Concessões de moça bonita! Mas, enfim, contanto que lhe ficassem os olhos, podiam ir alguns raios deles. Não havia de ter ciúmes do nervo óptico, ia pensando o marido.

Sofia levantou-se, foi pôr o lenço com os grampos em cima do piano, e deu uma olhada ao espelho para ver-se com a trança caída. Quando voltou ao canapé, o marido pegou-lhe na mão, rindo.

— Parece-me que te amofinaste[1] mais do que o caso merecia. Comparar os olhos de uma moça às estrelas, e as estrelas aos olhos, afinal de contas é coisa que até se pode fazer à vista de todos, em família, e em prosa ou verso para o público. A culpa é de quem tem olhos bonitos. Demais, apesar do que me contas, sabes que ele é ainda matuto[2]...

1   Amofinaste: aborreceste, incomodaste.
2   Matuto: simplório, sem malícia.

— Então o Diabo também é matuto, porque ele pareceu-me nada menos que o Diabo. E pedir-me que a certa hora olhasse para o Cruzeiro, a fim de que as nossas almas se encontrassem?

— Isso, sim, isso já cheira a namoro — concordou Palha —; mas bem vês que é um pedido de alma cândida. É assim que as moças falam aos quinze anos; é assim que falam os tolos em todos os tempos, e os poetas também; mas ele nem é moça nem poeta.

— Creio que não; mas segurar-me nas mãos para reter-me no jardim? — Palha teve um calafrio; a ideia do contato das mãos e da força empregada para reter a mulher é que o mortificava mais. Francamente, se pudesse, era capaz de ir ter com ele, e deitar-lhe as mãos ao gasnate[1]. Outras ideias, porém, acudiram e dissiparam o efeito da primeira; de modo que, cuidando Sofia havê-lo irritado, viu-o dar de ombros com desprezo, e responder-lhe que efetivamente era um ato de grosseria.

— E depois, Sofia, que lembrança foi essa de convidá-lo a ir ver a lua, não me dirás?

— Chamei D. Tonica para ir conosco.

— Mas, uma vez que D. Tonica recusou, devias ter achado meios e modos de não ir ao jardim. São coisas que acodem logo. Tu é que deste ocasião...

Sofia olhou para ele, contraindo as grossas sobrancelhas; ia responder, mas calou-se. Palha continuou a desenvolver a mesma ordem de considerações; a culpa era dela, não devia ter dado ocasião...

— Mas você mesmo não me tem dito que devemos tratá-lo com atenções particulares? Seguramente, que eu não iria ao jardim, se pudesse imaginar o que se passou. Mas nunca esperei que um homem tão pacato, tão não sei como, se tirasse dos seus cuidados para vir dizer-me coisas esquisitas...

— Pois daqui em diante evita a lua e o jardim — disse o marido, procurando sorrir...

— Mas, Cristiano, como queres tu que lhe fale a primeira vez que ele cá vier? Não tenho cara para tanto; olha, o melhor de tudo é acabar com as relações.

Palha atravessou uma perna sobre a outra e começou a rufar[2] no sapato. Durante alguns segundos ficaram calados. Palha cuidava na proposta de acabar com as relações, não que quisesse aceitá-la, mas não sabia como responder à mulher, que mostrava tanto ressentimento, e se portava com tal dignidade. Era preciso nem desaprová-la, nem aceitar a proposta, e não lhe acudia nada. Levantou-se, meteu as mãos nas algibeiras das calças e, depois de alguns passos, parou defronte de Sofia.

— Talvez nos estejamos a incomodar com um simples efeito de vinhos. Olha que ele não mandou o seu quinhão ao vigário[3]; cabeça fraca, um pouco de abalo, e

---

1   Gasnate: garganta.
2   Rufar: bater com os dedos.
3   Não mandou seu quinhão ao vigário: aqui, essa expressão significa "não se comportou como devia".

entornou o que tinha dentro... Sim, eu não nego que lhe possas ter causado certa impressão, como tantas outras senhoras. Há dias foi a um baile no Catete, e voltou encantado das senhoras que lá vira, de uma principalmente, a viúva Mendes...

Sofia interrompeu-o:

— Por que é que não convidou essa beleza a ver o Cruzeiro?

— Não jantou lá, naturalmente, e não havia jardim nem lua. O que eu quero dizer é que o *nosso amigo* não estaria em si. Talvez se ache agora arrependido do que fez, envergonhado, sem saber como se há de explicar, ou se não explicará nada... É muito possível até que se ausente...

— Era melhor.

— ...Se o não chamarmos — concluiu Palha.

— Mas para que chamá-lo?

— Sofia — disse-lhe o marido, sentando-se ao pé dela. — Não quero entrar em minudências[1]; digo só que não permito que alguém te falte ao respeito...

Houve uma pequena pausa; Sofia olhava para ele, esperando.

— Não permito, e ai daquele que o fizesse, assim como ai de ti se o consentires; sabes que sou de ferro, a este respeito, e que a certeza da tua amizade ou, — vá logo tudo, — do amor que me tens é que me tranquiliza. Pois bem, nada me abala relativamente ao Rubião. Crê que o Rubião é nosso amigo, devo-lhe obrigações.

— Alguns presentes, algumas joias, camarotes no teatro, não são motivos para que eu fite o Cruzeiro com ele.

— Prouvera a Deus[2] que fosse só isso! suspirou o zangão[3].

— Que mais?

— Não entremos em minudências... Há outras coisas... Conversaremos depois... Mas fica certa que nada me faria recuar, se visse no que contaste alguma gravidade. Não há nenhuma. O homem é um simplório.

— Não.

— Não?

Sofia levantou-se; também não queria entrar em minudências. O marido pegou-lhe na mão, ela ficou de pé e calada. Palha, com a cabeça reclinada nas costas do sofá, olhava sorrindo, sem achar que dizer. Ao cabo de alguns minutos, ponderou a mulher que era tarde, que ia mandar apagar tudo.

— Bem — tornou o Palha depois de breve silêncio —; escrevo-lhe amanhã que não ponha aqui os pés.

---

1 Minudências: detalhes.
2 Prouvera a Deus: quisera Deus.
3 Zangão: corretor de negócios.

Olhou para a mulher esperando alguma recusa. Sofia coçava as sobrancelhas, e não respondeu nada. Palha repetiu a solução; e pode ser que desta vez com sinceridade. A mulher então com ar de tédio:

— Ora Cristiano... Quem é que te pede cartas? Já estou arrependida de haver falado nisto. Contei-te um ato de desrespeito, e disse que era melhor cortar as relações, — aos poucos ou de uma vez.

— Mas como se hão de cortar as relações de uma vez?

— Fechar-lhe a porta, mas não digo tanto; basta, se queres, aos poucos...

Era uma concessão; Palha aceitou-a; mas imediatamente ficou sombrio, soltou a mão da mulher, com um gesto de desespero. Depois, agarrando-a pela cintura, disse em voz mais alta do que até então:

— Mas, meu amor, eu devo-lhe muito dinheiro.

Sofia tapou-lhe a boca e olhou assustada para o corredor.

— Está bom — disse —, acabemos com isto. Verei como ele se comporta, e tratarei de ser mais fria... Nesse caso, tu é que não deves mudar, para que não pareça que sabes o que se deu. Verei o que posso fazer.

— Você sabe, apertos do negócio, algumas faltas... é preciso tapar um buraco daqui, outro dali... o diabo! É por isso que... Mas riamos, meu bem; não vale nada. Sabes que confio em ti.

— Vamos, que é tarde.

— Vamos — repetiu o Palha dando-lhe um beijo na face.

— Estou com muita dor de cabeça — murmurou ela. — Creio que foi do sereno, ou desta história... Estou com muita dor de cabeça.

1. **Pode-se dizer que, enquanto Sofia se mostra incomodada com o assédio de Rubião e quer romper relações com ele, seu marido procura minimizar a gravidade do assédio e, assim, inocentar o amigo? Justifique sua resposta com passagens do texto.**

2. **"Mas, enfim, contanto que lhe ficassem os olhos, podiam ir alguns raios deles. Não havia de ter ciúmes do nervo óptico, ia pensando o marido." O que essa passagem revela sobre as intenções e o modo como Palha "usa" Sofia.**

3. **No fim da conversa, vemos que Palha e Sofia fazem um acordo. Que acordo é esse? E qual é seu objetivo? Como fica a questão moral do assédio em vista desse trato?**

Rubião começa a apresentar sinais de loucura; de vez em quando, tem acessos de delírio, nos quais se diz um importante homem de estado, um imperador. Nesses momentos, quando encontra Sofia, fala como se fossem amantes apaixonados, para espanto dela. Sua riqueza escapa-lhe aos poucos das mãos. Cristiano Palha, como administrador, apropriara-se de sua fortuna em proveito próprio. O que fazer agora com Rubião?:

164

Um só incidente afligiu Sofia naquele dia puro e brilhante, — foi um encontro com Rubião. Tinha entrado em uma livraria da Rua do Ouvidor para comprar um romance; enquanto esperava o troco, viu entrar o amigo. Rapidamente voltou o rosto e percorreu com os olhos os livros da prateleira, — uns livros de anatomia e de estatística; — recebeu o dinheiro, guardou-o, e, de cabeça baixa, rápida como uma flecha, saiu à rua, e enfiou para cima. O sangue só lhe sossegou, quando a Rua dos Ourives ficou para trás.

Dias depois, indo a entrar em casa de Dona Fernanda, deu com ele no saguão. Cuidou que subisse, e dispôs-se a subir também, ainda que receosa; mas Rubião descia, apertaram-se as mãos familiarmente, e despediram-se até a tarde.

— Ele vem aqui muitas vezes? — perguntou Sofia a Dona Fernanda, depois de lhe contar o encontro do saguão.

— Esta é a quarta vez, quarta ou quinta; mas só da segunda vez apareceu delirando. Das outras é como viu agora; sossegado, e até conversador. Há nele sempre alguma coisa que mostra não estar completamente bem. Não reparou nos olhos, um pouco vagos? É isso, no mais, conversa bem. Creia, Dona Sofia; aquele homem pode sarar. Por que não faz com que seu marido tome isto a peito?

— Cristiano tem projeto de o mandar examinar e tratar; mas, deixe estar que eu o apresso.

— Pois sim. Ele parece ser muito amigo da senhora e do Senhor Palha

"Ter-lhe-á dito alguma inconveniência no delírio, a meu respeito?", pensou Sofia. "Convirá revelar-lhe a verdade?"

Concluiu que não; o próprio mal do Rubião explicaria as inconveniências. Prometeu que apressaria o marido, e nessa mesma tarde expôs o negócio ao Palha. "É uma grande amolação", redarguiu este. E perguntou que interesse tinha Dona Fernanda em tornar àquele negócio. Que o tratasse ela mesma! Era uma atrapalhação ter de cuidar do outro, de o acompanhar, e, provavelmente, de recolher e gerir[1]

---

1 Gerir: **administrar.**

algum resto de dinheiro que ainda houvesse, fazendo-se curador, como dissera o Doutor Teófilo. Um aborrecimento de todos os diabos.

— Já ando com grande carga sobre mim, Sofia. E depois como há de ser? Havemos de trazê-lo para casa? Parece que não. Metê-lo onde? Em alguma casa de saúde... Sim, mas se não puderem aceitá-lo? Não hei de mandá-lo para a Praia Vermelha[1]... E as responsabilidades? Você prometeu que me falaria?

— Prometi, e afirmei que você faria isto — respondeu Sofia sorrindo. — Talvez não custe tanto como parece.

Sofia insistiu ainda. A compaixão de Dona Fernanda tinha-a impressionado muito; achou-lhe um quê distinto e nobre, e advertiu que a outra, sem relações estreitas nem antigas com Rubião, assim se mostrava interessada, era de bom-tom não ser menos generosa.

165

Tudo se fez sossegadamente. Palha alugou uma casinha na Rua do Príncipe, cerca do mar, onde meteu o nosso Rubião, alguns trastes, e o cachorro amigo. Rubião adotou a mudança sem desgosto, desde que lhe tornou o delírio, com entusiasmo. Estava nos seus paços de Saint-Cloud[2].

Não sucedeu assim aos amigos da casa, que receberam a notícia da mudança como um decreto de exílio. Tudo na antiga habitação fazia parte deles, o jardim, a grade, os canteiros, os degraus de pedra, a enseada[3]. Traziam tudo de cor. Era entrar, pendurar o chapéu, e ir esperar na sala. Tinham perdido a noção da casa alheia e do obséquio recebido. Depois, a vizinhança. Cada um daqueles amigos do Rubião estava afeito a ver as pessoas do lugar, as caras da manhã e as da tarde, alguns chegavam a cumprimentá-las, como aos seus próprios vizinhos. Paciência!

[...]

---

1   Praia Vermelha: local do Rio de Janeiro onde havia um hospício.
2   Paços de Saint-Cloud: alusão ao palácio de Saint-Cloud, na França, usado por imperadores franceses. Rubião, em seus delírios, imagina ser o imperador Napoleão III (Luís Napoleão, 1808-1873), sobrinho do famoso general Napoleão Bonaparte.
3   Enseada: da casa do Rubião via-se a enseada de Botafogo.

1. Que informação temos no texto 6 sobre a fortuna de Rubião?

2. O modo como Palha considera agora Rubião confirma a ideia do Humanitismo, conforme vimos no texto 1? Justifique.

3. O que fica insinuado no texto sobre os motivos que levaram Sofia a se interessar pela sorte de Rubião?

4. Que outro exemplo de exploração da demência e do dinheiro de Rubião temos no texto 7?

Textos 8, 9, 10, 11 e 12 – Capítulos 195, 196, 199, 200 e 201

Depois de algum tempo, Rubião é internado numa casa de saúde, mas consegue fugir de lá e vai para sua cidade natal, Barbacena, junto com seu cão, Quincas Borba:

195

Rubião, logo que chegou a Barbacena e começou a subir a rua que ora se chama de Tiradentes, exclamou parando:

— Ao vencedor, as batatas!

Tinha-as esquecido de todo, a fórmula e a alegoria[1]. De repente, como se as sílabas houvessem ficado no ar, intactas, aguardando alguém que as pudesse entender, uniu-as, recompôs a fórmula, e proferiu-a com a mesma ênfase daquele dia em que a tomou por lei da vida e da verdade. Não se lembrava inteiramente da alegoria; mas, a palavra deu-lhe o sentido vago da luta e da vitória.

Subiu, acompanhado do cão, e foi parar defronte da igreja. Ninguém lhe abriu a porta; não viu sombra de sacristão. Quincas Borba, que não comia desde muitas horas, colava-se-lhe às pernas, cabisbaixo, esperando. Rubião voltou-se, e do alto da rua estendeu os olhos abaixo e ao longe. Era ela, era Barbacena; a velha cidade natal ia-se-lhe desentranhando das profundas camadas da memória. Era ela; aqui estava a igreja, ali a cadeia, acolá a farmácia, donde vinham os medicamentos para o outro Quincas Borba. Sabia que era ela, quando chegou; mas, à medida que os olhos se derramavam, as reminiscências vinham vindo, mais numerosas, em bando. Não via ninguém; uma janela, à esquerda, parecia ter alguém que espiava. Tudo o mais deserto.

"Talvez não saibam que cheguei", pensou Rubião.

1   Alegoria: aqui, refere-se à história simbólica contada por Quincas Borba sobre as duas tribos famintas que disputam as batatas.

196

Súbito, relampejou; as nuvens amontoavam-se às pressas. Relampejou mais forte, e estalou um trovão. Começou a chuviscar grosso, mais grosso, até que desabou a tempestade. Rubião, que aos primeiros pingos, deixara a igreja, foi andando rua abaixo, seguido sempre do cão, faminto e fiel, ambos tontos, debaixo do aguaceiro, sem destino, sem esperança de pouso ou de comida... A chuva batia-lhes sem misericórdia. Não podiam correr, porque Rubião temia escorregar e cair, e o cão não queria perdê-lo. A meia rua, acudiu à memória do Rubião a farmácia, voltou para trás, subindo contra o vento, que lhe dava de cara; mas ao fim de vinte passos, varreu-se-lhe a ideia da cabeça; adeus, farmácia! adeus, pouso! Já se não lembrava do motivo que o fizera mudar de rumo, e desceu outra vez, e o cão atrás, sem entender nem fugir, um e outro alagados, confusos, ao som da trovoada rija e contínua.

199

Foi a comadre de Rubião que o agasalhou e mais ao cachorro, vendo-os passar defronte da porta. Rubião conheceu-a, aceitou o abrigo e o almoço.

— Mas que é isso, seu compadre? Como foi que chegou assim? Sua roupa está toda molhada. Vou dar-lhe umas calças de meu sobrinho.

Rubião tinha febre. Comeu pouco e sem vontade. A comadre pediu-lhe contas da vida que passara na Corte, ao que ele respondeu que levaria muito tempo, e só a posteridade a acabaria. Os sobrinhos de seu sobrinho, concluiu ele magnificamente, é que hão de ver-me em toda a minha glória. Começou, porém, um resumo. No fim de dez minutos, a comadre não entendia nada, tão desconcertados eram os fatos e os conceitos; mais cinco minutos, entrou a sentir medo. Quando os minutos chegaram a vinte, pediu licença e foi a uma vizinha dizer que Rubião parecia ter virado o juízo. Voltou com ela e um irmão, que se demorou pouco tempo e saiu a espalhar a nova. Vieram vindo outras pessoas, às duas e às quatro, e, antes de uma hora, muita gente espiava da rua.

— Ao vencedor, as batatas! — bradava Rubião aos curiosos. — Aqui estou imperador! Ao vencedor, as batatas!

Esta palavra obscura e incompleta era repetida na rua, examinada, sem que lhe dessem com o sentido. Alguns antigos desafetos[1] do Rubião iam entrando, sem ce-

---

1   **Desafetos: inimigos.**

rimônia, para gozá-lo melhor[1]; e diziam à comadre que não lhe convinha ficar com um doido em casa, era perigoso; devia mandá-lo para a cadeia, até que a autoridade o remetesse para outra parte. Pessoa mais compassiva[2] lembrou a conveniência de chamar o doutor.

— Doutor para quê? — acudiu um dos primeiros. — Este homem está maluco.

— Talvez seja delírio de febre; já viu como está quente?

Angélica, animada por tantas pessoas, tomou-lhe o pulso, e achou-o febril. Mandou vir o médico, — o mesmo que tratara o finado Quincas Borba. Rubião conheceu-o também, e respondeu-lhe que não era nada. Capturara o rei da Prússia, não sabendo ainda se o mandaria fuzilar ou não; era certo, porém, que exigiria uma indenização pecuniária enorme, — cinco bilhões de francos.

— Ao vencedor, as batatas! — concluiu rindo.

200

Poucos dias depois morreu... Não morreu súdito nem vencido. Antes de principiar a agonia, que foi curta, pôs a coroa na cabeça, a coroa que não era, ao menos, um chapéu velho ou uma bacia, onde os espectadores palpassem a ilusão. Não, senhor; ele pegou em nada, levantou nada e cingiu nada; só ele via a insígnia[3] imperial, pesada de ouro, rútila[4] de brilhantes e outras pedras preciosas. O esforço que fizera para erguer meio corpo não durou muito; o corpo caiu outra vez; o rosto conservou porventura uma expressão gloriosa.

— Guardem a minha coroa — murmurou. — Ao vencedor...

A cara ficou séria, porque a morte é séria; dois minutos de agonia, um trejeito horrível, e estava assinada a abdicação.

201

Queria dizer aqui o fim do Quincas Borba, que adoeceu também, ganiu infinitamente, fugiu desvairado em busca do dono, e amanheceu morto na rua, três dias depois. Mas, vendo a morte do cão narrada em capítulo especial, é provável que me perguntes se ele, se o seu defunto homônimo[5] é que dá o título ao livro, e por que antes um que outro, — questão prenhe[6] de questões, que nos levariam longe. Eia!

1   Para gozá-lo melhor: para melhor rir de sua loucura.
2   Compassiva: que sente compaixão.
3   Insígnia: emblema.
4   Rútila: cintilante.
5   Homônimo: que tem o mesmo nome.
6   Prenhe: cheia.

chora os dois recentes mortos, se tens lágrimas. Se só tens riso, ri-te! É a mesma coisa. O Cruzeiro, que a linda Sofia não quis fitar, como lhe pedia Rubião, está assaz[1] alto para não discernir[2] os risos e as lágrimas dos homens.

1. Na sua cidade natal, o modo como Rubião é tratado pelas pessoas em geral é diferente do modo como era tratado no Rio de Janeiro? Justifique.

2. Considerando os acontecimentos que marcam a existência de Rubião (sua pobreza inicial, a herança, as transformações em seu modo de vida, a loucura progressiva, a volta à pobreza e ao local de origem) e o comportamento das pessoas que com ele se relacionam, explique a concepção de vida (humana e social) expressa por Machado de Assis neste romance e diga se concorda ou não com ela, justificando suas afirmações.

***

---

1   Assaz: bastante.
2   Discernir: distinguir.

DOM CASMURRO

A habilidade de Machado de Assis em criar um clima de incerteza e ambiguidade atinge o seu ponto alto em *Dom Casmurro*, seu romance mais famoso.

A história é narrada em primeira pessoa por José Bento, o Bentinho (apelidado, na velhice, de *Dom Casmurro*, por viver recluso e solitário). Em retrospectiva, ele conta fatos de sua infância na casa da mãe viúva, D. Glória, ao lado do tio Cosme, da prima Justina e do agregado José Dias. Capitolina (que era chamada de Capitu) já estava presente em sua vida nessa fase: era a filha dos vizinhos de fundo, Pádua e D. Fortunata, de condição social inferior. O objetivo do narrador-personagem é tentar reviver as emoções afetivas através da reconstituição do passado: "Vou deitar ao papel as reminiscências que me vierem vindo. Deste modo, viverei o que vivi".

Recuando até o tempo em que ele e Capitu eram crianças, Bentinho conta como a convivência e as brincadeiras vão aproximando os dois amiguinhos, que, na adolescência, tornam-se namorados. A família dela, vendo nesse relacionamento a possibilidade de casamento e ascensão social de Capitu, favorece o namoro; entretanto, a mãe de Bentinho, fiel a uma antiga promessa, coloca-o no seminário com o intuito de fazê-lo seguir a carreira eclesiástica.

Capitu passa então a empreender esforços para impedir que Bentinho, sem magoar a família, chegue a ordenar-se padre, revelando-se uma moça esperta e insinuante. Com a ajuda de Escobar, um colega de seminário, Bentinho encontra um modo de não ter de cumprir a promessa materna e, depois de concluir o curso de Direito, casa-se com Capitu. A amizade com Escobar é fortalecida ainda mais após o casamento deste com Sancha, amiga de Capitu. Os dois casais moram perto, visitam-se frequentemente e tornam-se muito unidos.

Nasce a filha de Escobar e Sancha; após alguns anos, Capitu dá à luz um menino, Ezequiel. Pouco tempo depois, Escobar morre afogado no mar e, a partir da reação de Capitu no velório do amigo, começa a nascer em Bentinho a suspeita de uma possível traição da mulher, que vai se transformando em certeza à medida que Ezequiel cresce e adquire feições semelhantes às de Escobar.

Torturado pelo ciúme, Bentinho não consegue mais suportar a presença da mulher e do filho. Decide então separar-se deles. Faz uma viagem com a família à Europa, onde ficam Capitu e Ezequiel. Bentinho volta sozinho ao Brasil. Após alguns anos, Capitu morre, sem ter retornado para casa e revisto o marido. Ezequiel, já moço, faz uma única visita ao pai, morrendo pouco depois numa viagem de estudos ao Oriente. Já velho, Bentinho fecha-se cada vez mais numa vida solitária, quando passa a ser chamado de Dom Casmurro. É nessa fase que decide escrever a história de sua vida, como anunciou nos capítulos iniciais.

A intenção de Bentinho, ao rememorar os fatos, é tentar resgatar o tempo passado e talvez compreender o que aconteceu entre ele e Capitu. Para isso, chega ao ponto de mandar construir uma casa como aquela onde viveu a infância e a adolescência. Diz o narrador: "O meu fim evidente era atar as duas pontas da vida, e restaurar na velhice a adolescência. Pois, senhor, não consegui recompor o que foi nem o que fui. Em tudo, se o rosto é igual, a fisionomia é diferente. Se só me faltassem os outros, vá; um homem consola-se mais ou menos das pessoas que perde; mas falto eu mesmo, e esta lacuna é tudo".

Como a história é narrada pelo próprio personagem que viveu os fatos, depois de muito tempo, temos um relato marcado pela ambiguidade, que não esclarece definitivamente se o adultério ocorreu de fato ou se tudo não passou de um terrível engano do narrador, o marido ciumento Bentinho.

Importa observar também que em *Dom Casmurro*, assim como em outras obras de Machado de Assis, temos uma característica que foge às técnicas de descrição realistas por ser um fator que envolve subjetividade: a análise psicológica dos personagens. Em muitas passagens, aliás, o leitor é convidado a refletir com o narrador sobre a atitude de determinados personagens, e essa "conversa" com o leitor, um traço metalinguístico, é algo tipicamente machadiano.

Dom Casmurro é considerado a obra-prima de Machado de Assis e da literatura brasileira. Se a figura fascinante de Capitu, que prende a atenção do leitor, transforma a questão do adultério no ponto polêmico do romance, não podemos nos esquecer de que a obra apresenta também vários outros pontos de interesse, pois oferece um rico painel da sociedade brasileira da época, revelando-nos a influência da Igreja, as relações de classe e os meios de ascensão social.

A MINISSÉRIE *CAPITU*, DA TV GLOBO, ADAPTADA DO ROMANCE, FOI AO AR EM 2008.

32
Olhos de ressaca

[...]

Tinha-me lembrado a definição que José Dias dera deles, "olhos de cigana oblíqua e dissimulada". Eu não sabia o que era oblíqua, mas dissimulada sabia, e queria ver se se podiam chamar assim. Capitu deixou-se fitar e examinar. Só me perguntava o que era, se nunca os vira; eu nada achei extraordinário; a cor e a doçura eram minhas conhecidas. A demora da contemplação creio que lhe deu outra ideia do meu intento; imaginou que era um pretexto para mirá-los mais de perto, com os meus olhos longos, constantes, enfiados neles, e a isto atribuo que entrassem a ficar crescidos, crescidos e sombrios, com tal expressão que...

Retórica dos namorados, dá-me uma comparação exata e poética para dizer o que foram aqueles olhos de Capitu. Não me acode imagem capaz de dizer, sem quebra da dignidade do estilo, o que eles foram e me fizeram. Olhos de ressaca? Vá, de ressaca. É o que me dá ideia daquela feição nova. Traziam não sei que fluido misterioso e enérgico, uma força que arrastava para dentro, como a vaga que se retira da praia, nos dias de ressaca. Para não ser arrastado, agarrei-me às outras partes vizinhas, às orelhas, aos braços, aos cabelos espalhados pelos ombros; mas tão depressa buscava as pupilas, a onda que saía delas vinha crescendo, cava² e escura, ameaçando envolver-me, puxar-me e tragar-me. Quantos minutos gastamos naquele jogo? Só os relógios do céu terão marcado esse tempo infinito e breve³. [...]

Estou para contar que, ao cabo de um tempo não marcado, agarrei-me definitivamente aos cabelos de Capitu, mas então com as mãos, e disse-lhe, — para dizer alguma coisa, — que era capaz de os pentear, se quisesse.

— Você?

— Eu mesmo.

— Vai embaraçar-me o cabelo todo, isto, sim.

— Se embaraçar, você desembaraça depois.

— Vamos ver.

---

1   Todos os textos e notas a seguir foram reproduzidos da nova edição do livro *Dom Casmurro*, São Paulo: Ed. Moderna, 2015.

2   Cava: funda.

3   Nessa passagem, o tempo psicológico predomina sobre o tempo cronológico.

33

O penteado

Capitu deu-me as costas, voltando-se para o espelhinho. Peguei-lhe dos cabelos, co-lhi-os todos e entrei a alisá-los com o pente, desde a testa até às últimas pontas, que lhe desciam à cintura. Em pé não dava jeito: não esquecestes que ela era um nadinha mais alta que eu, mas ainda que fosse da mesma altura. Pedi-lhe que se sentasse.

— Senta aqui, é melhor.

Sentou-se. "Vamos ver o grande cabeleireiro", disse-me rindo. Continuei a alisar os cabelos, com muito cuidado, e dividi-os em duas porções iguais, para compor as duas tranças. Não as fiz logo, nem assim depressa, como podem supor os cabeleireiros de ofício, mas devagar, devagarinho, saboreando pelo tato aqueles fios grossos, que eram parte dela. O trabalho era atrapalhado, às vezes por desazo[1], outras de propósito, para desfazer o feito e refazê-lo. Os dedos roçavam na nuca da pequena ou nas espáduas vestidas de chita, e a sensação era um deleite. Mas, enfim, os cabelos acabando, por mais que eu os quisesse intermináveis. Não pedi ao céu que eles fossem tão longos como os da Aurora[2] porque não conhecia ainda esta divindade que os velhos poetas me apresentaram depois; mas, desejei penteá-los por todos os séculos dos séculos, tecer duas tranças que pudessem envolver o infinito por um número inominável de vezes. Se isto vos parecer enfático[3], desgraçado leitor, é que nunca penteastes uma pequena, nunca pusestes as mãos adolescentes na jovem cabeça de uma ninfa[4]... Uma ninfa! Todo eu estou mitológico. [...] Enfim, acabei as duas tranças. Onde estava a fita para atar-lhes as pontas? Em cima da mesa, um triste pedaço de fita enxovalhada. Juntei as pontas das tranças, uni-as por um laço, retoquei a obra, alargando aqui, achatando ali, até que exclamei:

— Pronto!

— Estará bom?

— Veja no espelho.

Em vez de ir ao espelho, que pensais que fez Capitu? Não vos esqueçais que estava sentada, de costas para mim. Capitu derreou[5] a cabeça, a tal ponto que me foi preciso acudir com as mãos e ampará-la; o espaldar da cadeira era baixo.

---

1   Desazo: falta de jeito.
2   Aurora: na mitologia romana, deusa do amanhecer.
3   Enfático: exagerado.
4   Ninfa: na mitologia grega, divindade feminina dos rios, das fontes, dos bosques e das montanhas. Em sentido figurado, designa uma mulher jovem e formosa.
5   Derreou: curvou para trás.

Inclinei-me depois sobre ela, rosto a rosto, mas trocados, os olhos de um na linha da boca do outro. Pedi-lhe que levantasse a cabeça, podia ficar tonta, machucar o pescoço. Cheguei a dizer-lhe que estava feia; mas nem esta razão a moveu.

— Levanta, Capitu!

Não quis, não levantou a cabeça, e ficamos assim a olhar um para o outro, até que ela abrochou os lábios, eu desci os meus, e...

Grande foi a sensação do beijo[1]; Capitu ergueu-se, rápida, eu recuei até à parede com uma espécie de vertigem, sem fala, os olhos escuros. Quando eles me clarearam, vi que Capitu tinha os seus no chão. Não me atrevi a dizer nada; ainda que quisesse, faltava-me língua. Preso, atordoado, não achava gesto nem ímpeto que me descolasse da parede e me atirasse a ela com mil palavras cálidas e mimosas... [...]

Texto 3 – Capítulo 34

34
Sou homem!

Ouvimos passos no corredor; era D. Fortunata, Capitu compôs-se depressa, tão depressa que, quando a mãe apontou à porta, ela abanava a cabeça e ria. Nenhum laivo[2] amarelo, nenhuma contração de acanhamento, um riso espontâneo e claro, que ela explicou por estas palavras alegres:

— Mamãe, olhe como este senhor cabeleireiro me penteou; pediu-me para acabar o penteado, e fez isto. Veja que tranças!

— Que tem? — acudiu a mãe, transbordando de benevolência. — Está muito bem, ninguém dirá que é de pessoa que não sabe pentear.

— O quê, mamãe? Isto? — redarguiu Capitu desfazendo as tranças. — Ora, mamãe!

E com um enfadamento gracioso e voluntário que às vezes tinha, pegou do pente e alisou os cabelos para renovar o penteado. D. Fortunata chamou-lhe tonta, e disse-me que não fizesse caso, não era nada, maluquices da filha. Olhava com ternura para mim e para ela. Depois, parece-me que desconfiou. Vendo-me calado, enfiado, cosido à parede, achou talvez que houvera entre nós algo mais que penteado, e sorriu por dissimulação...

---

1   Nessa passagem temos o primeiro beijo trocado por Bentinho e Capitu. Repare que a linguagem usada por eles é predominantemente gestual. Eles falam pouco mas comunicam-se por gestos e toques, criando um clima de intimidade e erotismo.

2   Laivo: sinal, indício. Capitu não deixa transparecer nenhum sinal de perturbação, controlando rapidamente sua emoção.

Como eu quisesse falar também para disfarçar o meu estado, chamei algumas palavras cá de dentro, e elas acudiram de pronto, mas de atropelo, e encheram-me a boca sem poder sair nenhuma. O beijo de Capitu fechava-me os lábios. Uma exclamação, um simples artigo, por mais que investissem com força, não logravam romper de dentro. E todas as palavras recolheram-se ao coração, murmurando: "Eis aqui um que não fará grande carreira no mundo, por menos que as emoções o dominem..."

Assim, apanhados pela mãe, éramos dois e contrários, ela encobrindo com a palavra o que eu publicava pelo silêncio. D. Fortunata tirou-me daquela hesitação, dizendo que minha mãe me mandara chamar para a lição de latim; o padre Cabral estava à minha espera. Era uma saída; despedi-me e enfiei pelo corredor. Andando, ouvi que a mãe censurava as maneiras da filha, mas a filha não dizia nada.

[...]

1. O que fica sugerido sobre a personalidade de Capitu com a descrição de seus olhos? O que seriam "olhos de cigana oblíqua e dissimulada"? Por que Bentinho diz que os olhos pareciam "olhos de ressaca"?

2. Esses "olhos de ressaca" de Capitu podem explicar a cena do beijo? Por quê?

3. "Assim, apanhados pela mãe, éramos dois e contrários, ela encobrindo com a palavra o que eu publicava pelo silêncio". Que aspecto da personalidade de Capitu revela-se nesse comentário do narrador?

Texto 4 – Capítulo 44

Bentinho ainda não conseguiu fazer com que a mãe desistisse da ideia de fazê-lo padre. Ele e Capitu conversam muito sobre isso, em busca de uma saída:

44
O primeiro filho

— Dê cá, deixe escrever uma coisa.

Capitu olhou para mim, mas de um modo que me fez lembrar a definição de José Dias, oblíquo e dissimulado; levantou o olhar, sem levantar os olhos. A voz, um tanto sumida, perguntou-me:

— Diga-me uma coisa, mas fale verdade, não quero disfarce; há de responder com o coração na mão.

— Que é? Diga.

— Se você tivesse de escolher entre mim e sua mãe, a quem é que escolhia?

— Eu?

Fez-me sinal que sim.

— Eu escolhia... mas para que escolher? Mamãe não é capaz de me perguntar isso.

— Pois, sim, mas eu pergunto. Suponha você que está no seminário e recebe a notícia de que eu vou morrer...

— Não diga isso!

— ... Ou que me mato de saudades, se você não vier logo, e sua mãe não quiser que você venha, diga-me, você vem?

— Venho.

— Contra a ordem de sua mãe?

— Contra a ordem de mamãe.

— Você deixa seminário, deixa sua mãe, deixa tudo, para me ver morrer?

— Não fale em morrer, Capitu!

Capitu teve um risinho descorado e incrédulo, e com a taquara escreveu uma palavra no chão; inclinei-me e li: *mentiroso*.

Era tão estranho tudo aquilo, que não achei resposta. Não atinava com a razão do escrito, como não atinava com a do falado. Se me acudisse ali uma injúria grande ou pequena, é possível que a escrevesse também, com a mesma taquara, mas não me lembrava nada. Tinha a cabeça vazia. Ao mesmo tempo tomei-me de receio de que alguém nos pudesse ouvir ou ler. Quem, se éramos sós? D. Fortunata chegara uma vez à porta da casa, mas entrou logo depois. A solidão era completa. Lembra-me que umas andorinhas passaram por cima do quintal e foram para os lados do morro de Santa Teresa; ninguém mais. Ao longe, vozes vagas e confusas, na rua um tropel de bestas, do lado da casa o chilrear dos passarinhos do Pádua. Nada mais, ou somente este fenômeno curioso, que o nome escrito por ela não só me espiava do chão com o gesto escarninho[1], mas até me pareceu que repercutia no ar. Tive então uma ideia ruim; disse-lhe que, afinal de contas, a vida de padre não era má, e eu podia aceitá-la sem grande pena. Como desforço, era pueril; mas eu sentia a secreta esperança de vê-la atirar-se a mim lavada em lágrimas. Capitu limitou-se a arregalar muito os olhos, e acabou por dizer:

— Padre é bom, não há dúvida; melhor que padre só cônego, por causa das meias roxas. O roxo é cor muito bonita. Pensando bem, é melhor cônego.

1 **Escarninho: zombador.**

— Mas não se pode ser cônego sem ser primeiramente padre — disse-lhe eu mordendo os beiços.

— Bem; comece pelas meias pretas, depois virão as roxas. O que eu não quero perder é a sua missa nova; avise-me a tempo para fazer um vestido à moda, saia--balão e babados grandes... Mas talvez nesse tempo a moda seja outra. A igreja há de ser grande. Carmo ou S. Francisco.

— Ou Candelária.

— Candelária também. Qualquer serve, contanto que eu ouça a missa nova. Hei de fazer um figurão. Muita gente há de perguntar: "Quem é aquela moça faceira que ali está com um vestido tão bonito?", "Aquela é D. Capitolina, uma moça que morou na Rua de Matacavalos..."

— Que morou? Você vai mudar-se?

— Quem sabe onde é que há de morar amanhã? — disse ela com um tom leve de melancolia; mas tornando logo ao sarcasmo: — E você no altar, metido na alva, com a capa de ouro por cima, cantando... *Pater noster...*

Ah! como eu sinto não ser um poeta romântico para dizer que isto era um duelo de ironias! Contaria os meus botes e os dela, a graça de um e a prontidão de outro, e o sangue correndo, e o furor na alma, até ao meu golpe final que foi este:

— Pois, sim, Capitu, você ouvirá a minha missa nova, mas com uma condição.

Ao que ela respondeu:

— Vossa Reverendíssima pode falar.

— Promete uma coisa?

— Que é?

— Diga se promete.

— Não sabendo o que é, não prometo.

— A falar verdade são duas coisas — continuei eu, por haver-me acudido outra ideia.

— Duas? Diga quais são.

— A primeira é que só se há de confessar comigo, para eu lhe dar a penitência e a absolvição. A segunda é que...

— A primeira está prometida — disse ela vendo-me hesitar, e acrescentou que esperava a segunda. Palavra que me custou, e antes não me chegasse a sair da boca; não ouviria o que ouvi, e não escreveria aqui uma coisa que vai talvez achar incrédulos.

— A segunda... sim... é que... Promete-me que seja eu o padre que case você?

— Que me case? — disse ela um tanto comovida.

Logo depois fez descair os lábios, e abanou a cabeça.

— Não, Bentinho — disse — seria esperar muito tempo; você não vai ser padre já amanhã, leva muitos anos... Olhe, prometo outra coisa; prometo que há de batizar o meu primeiro filho.

Texto 5 – Capítulo 45

45
Abane a cabeça, leitor

Abane a cabeça, leitor; faça todos os gestos de incredulidade. Chegue a deitar fora este livro, se o tédio já o não obrigou a isso antes; tudo é possível. Mas, se o não fez antes e só agora, fio que torne a pegar do livro e que o abra na mesma página, sem crer por isso na veracidade do autor. Todavia, não há nada mais exato. Foi assim mesmo que Capitu falou, com tais palavras e maneiras. Falou do primeiro filho, como se fosse a primeira boneca[1].

Quanto ao meu espanto, se também foi grande, veio de mistura com uma sensação esquisita. Percorreu-me um fluido. Aquela ameaça de um primeiro filho, o primeiro filho de Capitu, o casamento dela com outro, portanto, a separação absoluta, a perda, a aniquilação, tudo isso produzia um tal efeito, que não achei palavra nem gesto; fiquei estúpido. Capitu sorria; eu via o primeiro filho brincando no chão...

Texto 6 – Capítulo 46

46
As pazes

As pazes fizeram-se como a guerra, depressa. Buscasse eu neste livro a minha glória, e diria que as negociações partiram de mim; mas não, foi ela que as iniciou. Alguns instantes depois, como eu estivesse cabisbaixo, ela abaixou também a cabeça, mas voltando os olhos para cima a fim de ver os meus. Fiz-me de rogado; depois quis levantar-me para ir embora, mas nem me levantei, nem sei se iria. Capitu fitou-me uns olhos tão ternos, e a posição os fazia tão súplices, que me deixei ficar, passei-lhe o braço pela cintura, ela pegou-me na ponta dos dedos e...

Outra vez D. Fortunata apareceu à porta da casa; não sei para quê, se nem me deixou tempo de puxar o braço; desapareceu logo. Podia ser um simples descargo de consciência, uma cerimônia, como as rezas de obrigação, sem devoção, que se

---

1   O narrador interrompe a ação para conversar com o leitor sobre os fatos narrados.

dizem de tropel; a não ser que fosse para certificar aos próprios olhos a realidade que o coração lhe dizia[1]...

Fosse o que fosse, o meu braço continuou a apertar a cintura da filha, e foi assim que nos pacificamos. O bonito é que cada um de nós queria agora as culpas para si, e pedíamos reciprocamente perdão. Capitu alegava a insônia, a dor de cabeça, o abatimento do espírito, e finalmente "os seus calundus"[2]. Eu, que era muito chorão por esse tempo, sentia os olhos molhados... Era amor puro, era efeito dos padecimentos da amiguinha, era a ternura da reconciliação.

1. **A mãe de Bentinho decidira colocá-lo no seminário para ser padre. Casamento e vida religiosa se excluem. Em vista disso, explique o objetivo da pergunta de Capitu: "Se você tivesse de escolher entre mim e sua mãe, a quem é que escolhia?".**

2. **Ao ser chamado de mentiroso por Capitu, Bentinho teve uma "ideia ruim". Que ideia era essa? E por que ele achava que era "ruim"?**

3. **Por que as respostas de Capitu desnortearam Bentinho?**

4. **Pelas atitudes da mãe de Capitu, o que podemos deduzir sobre o modo como ela vê o relacionamento de Bentinho com sua filha?**

Texto 6 – Capítulo 56

O narrador está recordando alguns colegas do seminário. Um deles é Escobar, que estudou alguns anos mas sem a intenção de seguir a carreira religiosa:

56

Um seminarista

[...] Eis aqui outro seminarista. Chamava-se Ezequiel de Sousa Escobar. Era um rapaz esbelto, olhos claros, um pouco fugitivos, como as mãos, como os pés, como a fala, como tudo. Quem não estivesse acostumado com ele podia acaso sentir-se mal, não sabendo por onde lhe pegasse. Não fitava de rosto, não falava claro nem seguido; as mãos não apertavam as outras, nem se deixavam apertar delas, porque os dedos, sendo delgados e curtos, quando a gente cuidava tê-los entre os seus, já

1   Observe que mais uma vez D. Fortunata demonstra conivência com o namoro da filha.
2   Os seus calundus: crises de mau-humor.

não tinha nada. O mesmo digo dos pés que tão depressa estavam aqui como lá. Esta dificuldade em pousar foi o maior obstáculo que achou para tomar os costumes do seminário. O sorriso era instantâneo, mas também ria folgado e largo. Uma coisa não seria tão fugitiva, como o resto, a reflexão; íamos dar com ele, muita vez, olhos enfiados em si, cogitando. Respondia-nos sempre que meditava algum ponto espiritual, ou então que recordava a lição da véspera. Quando ele entrou na minha intimidade pedia-me frequentemente explicações e repetições miúdas, e tinha memória para guardá-las todas, até as palavras. Talvez esta faculdade prejudicasse alguma outra.

Era mais velho que eu três anos, filho de um advogado de Curitiba, aparentado com um comerciante do Rio de Janeiro, que servia de correspondente ao pai. Este era homem de fortes sentimentos católicos. Escobar tinha uma irmã, que era um anjo, dizia ele.

— Não é só na beleza que é um anjo, mas também na bondade. Não imagina que boa criatura que ela é. Escreve-me muita vez, hei de mostrar-lhe as cartas dela.

De fato, eram simples e afetuosas, cheias de carícias e conselhos. Escobar contava-me histórias dela, interessantes, todas as quais vinham a dar na bondade e no espírito daquela criatura; tais eram que me fariam capaz de acabar casando com ela, se não fosse Capitu. Morreu pouco depois. Eu, seduzido pelas palavras dele, estive quase a contar-lhe logo, logo, a minha história. A princípio fui tímido, mas ele fez-se entrado na minha confiança. Aqueles modos fugitivos cessavam quando ele queria, e o meio e o tempo os fizeram mais pousados. Escobar veio abrindo a alma toda, desde a porta da rua até ao fundo do quintal. A alma da gente, como sabes, é uma casa assim disposta, não raro com janelas para todos os lados, muita luz e ar puro. Também as há fechadas e escuras, sem janelas, ou com poucas e gradeadas, à semelhança de conventos e prisões. Outrossim, capelas e bazares, simples alpendres ou paços suntuosos.

Não sei o que era a minha. Eu não era ainda casmurro, nem dom casmurro; o receio é que me tolhia a franqueza, mas como as portas não tinham chaves nem fechaduras, bastava empurrá-las, e Escobar empurrou-as e entrou. [...]

1. **Que características da personalidade de Escobar podemos perceber nessa descrição?**

2. **Você acha que Escobar e Capitu têm algumas características em comum? Quais?**

Texto 7 – Capítulo 123

O tempo passou. Bentinho conseguiu sair do seminário e sua amizade com Escobar fortaleceu-se. Finalmente, Bentinho e Capitu casaram-se. Escobar acabou se casando com Sancha, uma amiga de Capitu. Os dois casais se frequentavam e eram muito íntimos. Cada casal tinha um filho. Mas um dia ocorre uma tragédia: Escobar, que gostava de nadar, morre afogado no mar. Neste capítulo, temos a narração do velório:

123
Olhos de ressaca

Enfim, chegou a hora da encomendação e da partida. Sancha quis despedir-se do marido, e o desespero daquele lance consternou[1] a todos. Muitos homens choravam também, as mulheres todas. Só Capitu, amparando a viúva, parecia vencer-se a si mesma. Consolava a outra, queria arrancá-la dali. A confusão era geral. No meio dela, Capitu olhou alguns instantes para o cadáver tão fixa, tão apaixonadamente fixa, que não admira lhe saltassem algumas lágrimas poucas e caladas...

As minhas cessaram logo. Fiquei a ver as dela; Capitu enxugou-as depressa, olhando a furto para a gente que estava na sala. Redobrou de carícias para a amiga, e quis levá-la; mas o cadáver parece que a retinha também. Momento houve em que os olhos de Capitu fitaram o defunto, quais os da viúva, sem o pranto nem palavras desta, mas grandes e abertos, como a vaga do mar lá fora, como se quisesse tragar também o nadador da manhã.

1. **Qual atitude de Capitu chama a atenção de Bentinho? Por quê?**

2. **Ao falar do choro de Capitu, o narrador se refere a "algumas lágrimas poucas e caladas...". Que significados pode ter o adjetivo "caladas" nessa passagem? O que fica insinuado com essa adjetivação?**

3. **Esse capítulo tem o mesmo título que o capítulo 32. Que relação pode haver entre eles para que tenham o mesmo título?**

---

1   Consternou: entristeceu profundamente.

Os anos passam e Ezequiel, o filho de Bentinho e Capitu, está crescendo:

131
Anterior ao anterior

Foi o caso que a minha vida era outra vez doce e plácida, a banca do advogado rendia-me bastante, Capitu estava mais bela, Ezequiel ia crescendo. Começava o ano de 1872.

— Você já reparou que Ezequiel tem nos olhos uma expressão esquisita? — perguntou-me Capitu. — Só vi duas pessoas assim, um amigo de papai e o defunto Escobar. Olha, Ezequiel; olha firme, assim, vira para o lado de papai, não precisa re-virar os olhos, assim, assim...

Era depois de jantar; estávamos ainda à mesa, Capitu brincava com o filho, ou ele com ela, ou um com outro, porque, em verdade, queriam-se muito, mas é também certo que ele me queria ainda mais a mim. Aproximei-me de Ezequiel, achei que Capitu tinha razão; eram os olhos de Escobar, mas não me pareceram esquisitos por isso. Afinal não haveria mais que meia dúzia de expressões no mundo, e muitas semelhanças se dariam naturalmente. Ezequiel não entendeu nada, olhou espantado para ela e para mim, e afinal saltou-me ao colo:

— Vamos passear, papai?

— Logo, meu filho.

Capitu, alheia a ambos, fitava agora a outra borda da mesa; mas, dizendo-lhe eu que, na beleza, os olhos de Ezequiel saíam aos da mãe, Capitu sorriu abanando a cabeça com um ar que nunca achei em mulher alguma, provavelmente porque não gostei tanto das outras. As pessoas valem o que vale a afeição da gente, e é daí que mestre Povo tirou aquele adágio que quem o feio ama bonito lhe parece. Capitu tinha meia dúzia de gestos únicos na terra. Aquele entrou-me pela alma dentro. Assim fica explicado que eu corresse à minha esposa e amiga e lhe enchesse a cara de beijos; mas este outro incidente não é radicalmente necessário à compreensão do capítulo passado e dos futuros; fiquemos nos olhos de Ezequiel.

132
O debuxo e o colorido

Nem só os olhos, mas as restantes feições, a cara, o corpo, a pessoa inteira, iam-se apurando com o tempo. Eram como um debuxo[1] primitivo que o artista vai enchendo

---

1 **Debuxo: esboço.**

e colorindo aos poucos, e a figura entra a ver, sorrir, palpitar, falar quase, até que a família pendura o quadro na parede, em memória do que foi e já não pode ser. Aqui podia ser e era. O costume valeu muito contra o efeito da mudança; mas a mudança fez-se, não à maneira de teatro, fez-se como a manhã que aponta vagarosa, primeiro que se possa ler uma carta, depois lê-se a carta na rua, em casa, no gabinete, sem abrir as janelas; a luz coada pelas persianas basta a distinguir as letras. Li a carta, mal a princípio e não toda, depois fui lendo melhor. Fugia-lhe, é certo, metia o papel no bolso, corria a casa, fechava-me, não abria as vidraças, chegava a fechar os olhos. Quando novamente abria os olhos e a carta, a letra era clara e a notícia claríssima.

Escobar[1] vinha assim surgindo da sepultura, do seminário e do Flamengo para se sentar comigo à mesa, receber-me na escada, beijar-me no gabinete de manhã, ou pedir-me à noite a bênção do costume. Todas essas ações eram repulsivas; eu tolerava-as e praticava-as, para me não descobrir a mim mesmo e ao mundo. Mas o que pudesse dissimular ao mundo, não podia fazê-lo a mim, que vivia mais perto de mim que ninguém. Quando nem mãe nem filho estavam comigo o meu desespero era grande, e eu jurava matá-los a ambos, ora de golpe, ora devagar, para dividir pelo tempo da morte todos os minutos da vida embaçada e agoniada. Quando, porém, tornava a casa e via no alto da escada a criaturinha que me queria e esperava, ficava desarmado e diferia o castigo de um dia para outro.

O que se passava entre mim e Capitu naqueles dias sombrios, não se notará aqui, por ser tão miúdo e repetido, e já tão tarde que não se poderá dizê-lo sem falha nem canseira. Mas o principal irá. E o principal é que os nossos temporais eram agora contínuos e terríveis. Antes de descoberta aquela má terra da verdade, tivemos outros de pouca dura; não tardava que o céu se fizesse azul, o sol claro e o mar chão, por onde abríamos novamente as velas que nos levavam às ilhas e costas mais belas do universo, até que o outro pé de vento desbaratava[2] tudo, e nós, postos à capa, esperávamos outra bonança, que não era tardia nem dúbia[3], antes total, próxima e firme.

Releva-me estas metáforas; cheiram ao mar e à maré que deram morte ao meu amigo e comborço[4] Escobar. Cheiram também aos olhos de ressaca de Capitu. Assim, posto sempre fosse homem de terra, conto aquela parte da minha vida, como um marujo contaria o seu naufrágio.

Já entre nós só faltava dizer a palavra última; nós a líamos, porém, nos olhos um do outro, vibrante e decisiva, e sempre que Ezequiel vinha para nós não fazia

1   Para enfatizar a semelhança, o narrador refere-se ao filho como se fosse Escobar ressuscitado.
2   Desbaratava: desmanchava, destruía.
3   Dúbia: incerta.
4   Comborço: com relação ao marido, comborço é o amante de sua esposa.

mais que separar-nos. Capitu propôs metê-lo em um colégio, donde só viesse aos sábados; custou muito ao menino aceitar esta situação.

— Quero ir com papai! Papai há de ir comigo! — bradava ele.

Fui eu mesmo que o levei um dia de manhã, uma segunda-feira. Era no antigo Largo da Lapa, perto da nossa casa. Levei-o a pé, pela mão, como levara o ataúde do outro. O pequeno ia chorando e fazendo perguntas a cada passo, se voltaria para casa, e quando, e se eu iria vê-lo.

— Vou.

— Papai não vai!

— Vou sim.

— Jura, papai!

— Pois sim.

— Papai não diz que jura.

— Pois juro.

E lá o levei e deixei. A ausência temporária não atalhou o mal, e toda a arte fina de Capitu para fazê-lo atenuar, ao menos, foi como se não fosse; eu sentia-me cada vez pior. A mesma situação nova agravou a minha paixão. Ezequiel vivia agora mais fora da minha vista; mas a volta dele, ao fim das semanas, ou pelo descostume em que eu ficava, ou porque o tempo fosse andando e completando a semelhança, era a volta de Escobar mais vivo e ruidoso. Até a voz, dentro de pouco, já me parecia a mesma. Aos sábados, buscava não jantar em casa e só entrar quando ele estivesse dormindo; mas não escapava ao domingo, no gabinete, quando eu me achava entre jornais e autos. Ezequiel entrava turbulento, expansivo, cheio de riso e de amor, porque o demo do pequeno cada vez morria mais por mim. Eu, a falar verdade, sentia agora uma aversão que mal podia disfarçar, tanto a ela como aos outros. Não podendo encobrir inteiramente esta disposição moral, cuidava de me não fazer encontradiço com ele, ou só o menos que pudesse; ora tinha trabalho que me obrigava a fechar o gabinete, ora saía ao domingo para ir passear pela cidade e arrabaldes o meu mal secreto.

1. No texto 8, que aspecto do comportamento de Ezequiel chama a atenção dos pais? Quem primeiro observa isso?

2. À medida que o menino cresce aumenta o tormento de Bentinho. Por quê?

Texto 10 – Capítulo 136

Bentinho fica cada vez mais atormentado e angustiado com a ideia da traição de Capitu. Incapaz de suportar a situação, ele pensa em suicídio:

136
A xícara de café

O meu plano foi esperar o café, dissolver nele a droga e ingeri-la. [...]

O copeiro trouxe o café. Ergui-me, guardei o livro, e fui para a mesa onde ficara a xícara. Já a casa estava em rumores; era tempo de acabar comigo. A mão tremeu-me ao abrir o papel em que trazia a droga embrulhada. Ainda assim tive ânimo de despejar a substância na xícara, e comecei a mexer o café, os olhos vagos, a memória em Desdêmona inocente; o espetáculo da véspera vinha intrometer-se na realidade da manhã. Mas a fotografia de Escobar deu-me o ânimo que me ia faltando; lá estava ele, com a mão nas costas da cadeira, a olhar ao longe...

"Acabemos com isto", pensei.

Quando ia beber, cogitei se não seria melhor esperar que Capitu e o filho saíssem para a missa; beberia depois; era melhor. Assim disposto, entrei a passear no gabinete. Ouvi a voz de Ezequiel no corredor, vi-o entrar e correr a mim bradando:

— Papai! papai!

Leitor, houve aqui um gesto que eu não descrevo por havê-lo inteiramente esquecido, mas crê que foi belo e trágico. Efetivamente, a figura do pequeno fez-me recuar até dar de costas na estante. Ezequiel abraçou-me os joelhos, esticou-se na ponta dos pés, como querendo subir e dar-me o beijo do costume; e repetia, puxando-me:

— Papai! papai!

Texto 11 – Capítulo 137

137
Segundo impulso

Se eu não olhasse para Ezequiel, é provável que não estivesse aqui escrevendo este livro, porque o meu primeiro ímpeto foi correr ao café e bebê-lo. Cheguei a pegar na xícara, mas o pequeno beijava-me a mão, como de costume, e a vista dele, como o gesto, deu-me outro impulso que me custa dizer aqui; mas vá lá, diga-se tudo. Chamem-me embora assassino; não serei eu que os desdiga ou contradiga; o meu segundo impulso foi criminoso. Inclinei-me e perguntei a Ezequiel se já tomara café.

— Já, papai; vou à missa com mamãe.

— Toma outra xícara, meia xícara só.

— E papai?

— Eu mando vir mais; anda, bebe!

Ezequiel abriu a boca. Cheguei-lhe a xícara, tão trêmulo que quase a entornei, mas disposto a fazê-la cair pela goela abaixo, caso o sabor lhe repugnasse, ou a temperatura, porque o café estava frio... Mas não sei que senti que me fez recuar. Pus a xícara em cima da mesa, e dei por mim a beijar doidamente a cabeça do menino.

— Papai! papai! — exclamava Ezequiel.

— Não, não, eu não sou teu pai!

Texto 12 – Capítulo 138

138
Capitu que entra

Quando levantei a cabeça, dei com a figura de Capitu diante de mim. Eis aí outro lance, que parecerá de teatro, e é tão natural como o primeiro, uma vez que a mãe e o filho iam à missa, e Capitu não saía sem falar-me. Era já um falar seco e breve; a maior parte das vezes, eu nem olhava para ela. Ela olhava sempre, esperando.

Desta vez, ao dar com ela, não sei se era dos meus olhos, mas Capitu pareceu-me lívida[1]. Seguiu-se um daqueles silêncios, a que, sem mentir, se podem chamar de um século, tal é a extensão do tempo nas grandes crises. Capitu recompôs-se; disse ao filho que se fosse embora, e pediu-me que lhe explicasse.

— Não há que explicar — disse eu.

— Há tudo; não entendo as tuas lágrimas nem as de Ezequiel. Que houve entre vocês?

— Não ouviu o que lhe disse?

Capitu respondeu que ouvira choro e rumor de palavras. Eu creio que ouvira tudo claramente, mas confessá-lo seria perder a esperança do silêncio e da reconciliação; por isso negou a audiência e confirmou unicamente a vista[2]. Sem lhe contar o episódio do café, repeti-lhe as palavras do final do capítulo.

— O quê? — perguntou ela como se ouvira mal.

— Que não é meu filho.

1   Observe que o narrador não afirma com segurança que Capitu estava lívida, isto é, muito pálida. Pode ter sido apenas uma impressão dele.

2   O narrador não só conta os fatos como também os interpreta, atribuindo a Capitu o que ele mesmo pensa.

Grande foi a estupefação de Capitu, e não menor a indignação que lhe sucedeu, tão naturais ambas que fariam duvidar as primeiras testemunhas de vista do nosso foro. Já ouvi que as há para vários casos, questão de preço; eu não creio, tanto mais que a pessoa que me contou isto acabava de perder uma demanda. Mas, haja ou não testemunhas alugadas, a minha era verdadeira; a própria natureza jurava por si, e eu não queria duvidar dela[1]. Assim que, sem atender à linguagem de Capitu, aos seus gestos, à dor que a retorcia, a coisa nenhuma, repeti as palavras ditas duas vezes com tal resolução que a fizeram afrouxar. Após alguns instantes, disse-me ela:

— Só se pode explicar tal injúria pela convicção sincera; entretanto, você que era tão cioso dos menores gestos, nunca revelou a menor sombra de desconfiança. Que é que lhe deu tal ideia? Diga, — continuou vendo que eu não respondia nada, — diga tudo; depois do que ouvi, posso ouvir o resto, não pode ser muito. Que é que lhe deu agora tal convicção? Ande; Bentinho, fale! fale! Despeça-me daqui, mas diga tudo primeiro.

— Há coisas que se não dizem.

— Que se não dizem só metade; mas já que disse metade, diga tudo.

Tinha-se sentado numa cadeira ao pé da mesa. Podia estar um tanto confusa, o porte não era de acusada. Pedi-lhe ainda uma vez que não teimasse.

— Não, Bentinho, ou conte o resto, para que eu me defenda, se você acha que tenho defesa, ou peço-lhe desde já a nossa separação: não posso mais!

— A separação é coisa decidida — redargui pegando-lhe na proposta. — Era melhor que a fizéssemos por meias palavras ou em silêncio; cada um iria com a sua ferida. Uma vez, porém, que a senhora insiste, aqui vai o que lhe posso dizer, e é tudo.

Não disse tudo; mal pude aludir aos amores de Escobar sem proferir-lhe o nome. Capitu não pôde deixar de rir, de um riso que eu sinto não poder transcrever aqui; depois, em um tom juntamente irônico e melancólico:

— Pois até os defuntos! Nem os mortos escapam aos seus ciúmes!

Concertou[2] a capinha e ergueu-se. Suspirou, creio que suspirou, enquanto eu, que não pedia outra coisa mais que a plena justificação dela, disse-lhe não sei que palavras adequadas a este fim. Capitu olhou para mim com desdém, e murmurou:

— Sei a razão disto; é a casualidade da semelhança... A vontade de Deus explicará tudo... Ri-se? É natural; apesar do seminário, não acredita em Deus; eu creio... Mas não falemos nisto; não nos fica bem dizer mais nada.

---

1 Como Ezequiel era muito parecido com Escobar, o narrador diz que a própria natureza testemunhava a seu favor.

2 Concertou: ajeitou, arrumou.

Texto 13 - Capítulo 139

139
A fotografia

Palavra que estive a pique[1] de crer que era vítima de uma grande ilusão, uma fantasmagoria de alucinado; mas a entrada repentina de Ezequiel, gritando: — "Mamãe! mamãe! é hora da missa" restituiu-me à consciência da realidade. Capitu e eu, involuntariamente, olhamos para a fotografia de Escobar, e depois um para o outro. Desta vez a confusão dela fez-se confissão pura. Este era aquele; havia por força alguma fotografia de Escobar pequeno que seria o nosso pequeno Ezequiel. De boca, porém, não confessou nada; repetiu as últimas palavras, puxou do filho e saíram para a missa.

Texto 14 – Capítulo 141

141
A solução

Aqui está o que fizemos. Pegamos em nós e fomos para a Europa, não passear, nem ver nada, novo nem velho; paramos na Suíça. Uma professora do Rio Grande, que foi conosco, ficou de companhia a Capitu, ensinando a língua materna a Ezequiel, que aprenderia o resto nas escolas do país. Assim regulada a vida, tornei ao Brasil.

Ao cabo de alguns meses, Capitu começara a escrever-me cartas, a que respondi com brevidade e sequidão. As dela eram submissas, sem ódio, acaso afetuosas, e para o fim saudosas; pedia-me que a fosse ver. Embarquei um ano depois, mas não a procurei, e repeti a viagem com o mesmo resultado[2]. Na volta, os que se lembravam dela, queriam notícias, e eu dava-lhas, como se acabasse de viver com ela; naturalmente as viagens eram feitas com o intuito de simular isto mesmo e enganar a opinião. Um dia, finalmente...

1. Por que Capitu teria negado que ouvira a conversa entre Bentinho e Ezequiel?

2. Que argumentos ela usa para se defender das acusações de traição feitas por Bentinho?

---

1 A pique: a ponto.
2 Observe o castigo que Bentinho inflige a Capitu.

3. Que argumento definitivo o narrador usa para dizer que, sem dúvida, Ezequiel era filho de Escobar? Você acha que assim ele consegue de fato provar que Capitu era culpada?

4. O que você acha da "solução" encontrada por Bentinho? Foi justa ou cruel? Por quê?

Texto 15 – Capítulo 145

Depois de muitos anos, Bentinho, agora vivendo sozinho, recebe uma visita inesperada:

145
O regresso

Ora, foi já nesta casa que um dia, estando a vestir-me para almoçar, recebi um cartão com este nome:

Ezequiel A. de Santiago

— A pessoa está aí? — perguntei ao criado.

— Sim, senhor; ficou esperando.

Não fui logo, logo; fi-lo esperar uns dez ou quinze minutos na sala. Só depois é que me lembrou que cumpria ter certo alvoroço e correr, abraçá-lo, falar-lhe na mãe... A mãe, — creio que ainda não disse que estava morta e enterrada[1]. Estava; lá repousa na velha Suíça. Acabei de vestir-me às pressas. Quando saí do quarto tomei ares de pai, um pai entre manso e crespo[2], metade Dom Casmurro. Ao entrar na sala, dei com um rapaz, de costas, mirando o busto de Massinissa pintado na parede. Vim cauteloso, e não fiz rumor. Não obstante, ouviu-me os passos, e voltou-se depressa. Conheceu-me pelos retratos e correu para mim. Não me mexi; era nem mais nem menos o meu antigo e jovem companheiro de seminário de S. José, um pouco mais baixo, menos cheio de corpo, e, salvo as cores, que eram vivas, o mesmo rosto do meu amigo. Trajava à moderna, naturalmente, e as maneiras eram diferentes, mas o aspecto geral reproduzia a pessoa morta. Era o próprio, o exato, o verdadeiro Escobar. Era o meu comborço; era o filho de seu pai. Vestia de luto pela mãe; eu também estava de preto. Sentamo-nos.

— Papai não faz diferença dos últimos retratos — disse-me ele.

A voz era a mesma de Escobar, o sotaque era afrancesado. Expliquei-lhe que realmente pouco diferia do que era, e comecei um interrogatório para ter menos

---

1 Observe que o narrador dedica apenas uma linha à morte de Capitu.
2 Crespo: nessa passagem, significa áspero, severo.

que falar e dominar assim a minha emoção. Mas isto mesmo dava animação à cara dele, e o meu colega do seminário ia ressurgindo cada vez mais do cemitério. Ei-lo aqui, diante de mim, com igual riso e maior respeito; total, mesmo obséquio e a mesma graça. Ansiava por ver-me. A mãe falava muito em mim, louvando-me extraordinariamente, como o homem mais puro do mundo, o mais digno de ser querido.

— Morreu bonita — concluiu.

—Vamos almoçar.

Se pensas que o almoço foi amargo, enganas-te. Teve seus minutos de aborrecimento, é verdade; a princípio doeu-me que Ezequiel não fosse realmente meu filho, que me não completasse e continuasse. Se o rapaz tem saído à mãe, eu acabava crendo tudo, tanto mais facilmente quanto que ele parecia haver-me deixado na véspera, evocava a meninice, cenas e palavras, a ida para o colégio.

[...]

Texto 16 – Capítulo 146

146
Não houve lepra

Não houve lepra, mas há febres por todas essas terras humanas, sejam velhas ou novas. Onze meses depois, Ezequiel morreu de uma febre tifoide, e foi enterrado nas imediações de Jerusalém, onde os dois amigos da universidade lhe levantaram um túmulo com esta inscrição, tirada do profeta Ezequiel, em grego: "Tu eras perfeito nos teus caminhos". Mandaram-me ambos os textos, grego e latino, o desenho da sepultura, a conta das despesas e o resto do dinheiro que ele levava; pagaria o triplo para não tornar a vê-lo.

Como quisesse verificar o texto, consultei a minha Vulgata[1], e achei que era exato, mas tinha ainda um complemento: "Tu eras perfeito nos teus caminhos, *desde o dia da tua criação*[2]". Parei e perguntei calado: "Quando seria o dia da criação de Ezequiel?"

Ninguém me respondeu. Eis aí mais um mistério para ajuntar aos tantos deste mundo. Apesar de tudo, jantei bem e fui ao teatro[3].

---

1   Vulgata: versão latina das Sagradas Escrituras, feita por São Jerônimo e adotada pela Igreja Católica.

2   O versículo completo é: "Tu eras perfeito nos teus caminhos, desde o dia da tua criação, até que se achou iniquidade em ti." (Ezequiel 28:15).

3   Reflita sobre a frase que encerra esse capítulo. O que ela pode revelar sobre a personalidade do narrador?

148
E bem, e o resto?

Agora, por que é que nenhuma dessas caprichosas me fez esquecer a primeira amada do meu coração? Talvez porque nenhuma tinha os olhos de ressaca, nem os de cigana oblíqua e dissimulada. Mas não é este propriamente o resto do livro. O resto é saber se a Capitu da praia da Glória já estava dentro da de Matacavalos, ou se esta foi mudada naquela por efeito de algum caso incidente. Jesus, filho de Sirach[1], se soubesse dos meus primeiros ciúmes, dir-me-ia, como no seu cap. IX, vers. 1: "Não tenhas ciúmes de tua mulher para que ela não se meta a enganar-te com a malícia que aprender de ti". Mas eu creio que não, e tu concordarás comigo; se te lembras bem da Capitu menina, hás de reconhecer que uma estava dentro da outra, como a fruta dentro da casca.

E bem, qualquer que seja a solução, uma coisa fica, e é a suma das sumas, ou o resto dos restos, a saber, que a minha primeira amiga e o meu maior amigo, tão extremosos ambos e tão queridos também, quis o destino que acabassem juntando-se e enganando-me... A terra lhes seja leve! [...]

1. **A forma como recebe o filho e, mais tarde, a notícia de sua morte, revela que aspecto da personalidade de Bentinho?**

2. **Capitu tinha sido o grande amor da vida de Bentinho. No entanto, como ele fala da morte dela?**

3. **Será que o narrador, isto é, Dom Casmurro, tem razão em afirmar ao leitor: "se te lembras bem da Capitu menina, hás de reconhecer que uma estava dentro da outra, como a fruta dentro da casca"? Você concorda que a Capitu adulta, maliciosa e esperta, já estava dentro da adolescente que conquistou Bentinho? Justifique sua resposta.**

---

1 Referência ao autor do Livro do Eclesiástico ou Sirácido, um dos livros de sabedoria do Antigo Testamento, composto por volta do ano 200 a.C. Só os católicos o admitem entre os escritos canônicos.

UMA ENTREVISTA IMAGINÁRIA COM MACHADO DE ASSIS

Machado de Assis foi a maior figura literária brasileira do século XIX. Quais seriam suas opiniões sobre amor, dinheiro, política, literatura, mulheres? Para satisfazer a curiosidade dos seus fãs, imaginamos uma "entrevista" com o famoso escritor. As respostas, sempre marcadas por sua fina ironia, foram extraídas de crônicas, artigos, contos e romances assinados por ele.

Entrevistador: Vamos começar por um tema muito explorado em sua obra: o amor. O que é o amor?

Machado de Assis: A melhor definição do amor não vale um beijo de moça namorada.

E: Mas o amor realmente mexe com as pessoas?

MA: Quem, falando de amor, não sentir agitar-se-lhe a alma e reverdecer a natureza, pode crer que desconhece a mais profunda sensação da vida e o mais belo espetáculo da natureza.

E: Mas por que ele tem esse poder?

MA: Não há como a paixão do amor para fazer original o que é comum, e novo o que morre de velho.

E: O que é o coração?

MA: O coração humano é a região do inesperado.

E: E quanto à amizade?

MA: Não te irrites se te pagarem mal um benefício; antes cair das nuvens que de um terceiro andar.

E: O homem não é capaz de solidariedade?

MA: Suporta-se com paciência a cólica do próximo.

E: O senhor acha que o homem se deixa influenciar muito pelo dinheiro?

MA: O dinheiro faz ouvir os surdos e ensurdecer os que ouvem bem.

E: O dinheiro seria capaz de consolar os homens?

MA: Bem-aventurados os que o possuem porque eles serão consolados.

E: Mesmo em família, o dinheiro seria capaz de perturbar as relações entre as pessoas?

MA: Há dessas lutas terríveis na alma de um homem. Não, ninguém sabe o que se passa no interior de um sobrinho, tendo de chorar a morte de um tio e receber-lhe a herança. Oh, contraste maldito! Aparentemente tudo se recomporia, desistindo o sobrinho do dinheiro herdado; ah! mas então seria chorar duas coisas: o tio e o dinheiro.

E: O senhor viveu na época da escravidão e soube de muitas fugas de escravos. Por que eles fugiam tanto?

MA: Há meio século, os escravos fugiam com frequência. Eram muitos, e nem todos gostavam da escravidão. Sucedia ocasionalmente apanharem pancada, e nem todos gostavam de apanhar pancada. Grande parte era apenas repreendida; havia alguém de casa que servia de padrinho, e o mesmo dono não era mau; além disso, o sentimento da propriedade moderava a ação, porque dinheiro também dói.

E: O senhor gosta de observar o comportamento das pessoas?

MA: Eu gosto de catar o mínimo e o escondido. Onde ninguém mete o nariz, aí entra o meu, com a curiosidade estreita e aguda que descobre o encoberto.

E: Em vários textos seus, há personagens que enlouquecem. O que é a loucura?

MA: A loucura é uma dança das ideias.

E: Além de escritor, o senhor foi também crítico literário por muito tempo. Como é ser crítico?

MA: Exercer a crítica afigura-se a alguns que é uma fácil tarefa, como a outros parece igualmente fácil a tarefa do legislador; mas, para a representação literária, como para a representação política, é preciso ter alguma coisa mais que um simples desejo de falar à multidão. Infelizmente é a opinião contrária que domina, e a crítica, desamparada pelos esclarecidos, é exercida pelos incompetentes.

E: Que qualidades deve ter o crítico?

MA: Não compreendo o crítico sem consciência. A ciência e a consciência, eis as duas condições principais para exercer a crítica.

E: Gostaríamos de saber suas opiniões políticas. O que o senhor acha da democracia?

MA: É uma santa coisa a democracia, não a democracia que faz viver os espertos, a democracia do papel e da palavra, mas a democracia praticada honestamente, regularmente, sinceramente. Quando ela deixa de ser sentimento para ser simplesmente forma, quando deixa de ser ideia para ser simplesmente feitio, nunca será democracia, será *espertocracia*, que é sempre o governo de todos os feitios e de todas as formas.

E: Falando de uma maneira mais prática: o que devem fazer os nossos vereadores?

MA: A câmara, para bem desempenhar os seus deveres e levantar a instituição do abatimento em que jaz, deve observar três preceitos. Esses preceitos são os seguintes: 1º) Cuidar do município; 2º) Cuidar do município; 3º) Cuidar do município. Se fizer isso, terá cumprido um dever, sem que daí lhe resulte nenhum direito à menor parcela de louvor, e contribuirá com o exemplo para que as câmaras futuras entrem no verdadeiro caminho de que, tão infelizmente, se hão desviado.

E: O senhor não parece confiar muito nos políticos...

MA: O carnaval desta terra é constante, e é a política que nos oferece o espetáculo de um contínuo disfarce.

E: Que defeitos o senhor vê nos brasileiros?

MA: Um dos defeitos mais gerais, entre nós, é achar sério o que é ridículo, e ridículo o que é sério, pois o tato para acertar nestas coisas é também uma virtude do povo.

E: Por que a vida parece tão complicada?

MA: O homem nasceu simples, diz a Escritura; mas ele mesmo é que se meteu em infinitas questões.

E: Se o senhor pudesse organizar o mundo à sua maneira, o que faria?

MA: Qualquer de nós teria organizado este mundo melhor do que saiu. A morte, por exemplo, bem podia ser tão somente a aposentadoria da vida, com prazo certo. Ninguém iria por moléstia ou desastre, mas por natural invalidez; a velhice, tornando a pessoa incapaz, não a poria a cargo dos seus ou dos outros. Como isto andaria assim desde o princípio das coisas, ninguém sentiria dor nem temor, nem os que se fossem, nem os que ficassem. Podia ser uma cerimônia doméstica ou pública; entraria nos costumes uma refeição de despedida, frugal, não triste, em que os que iam morrer dissessem as saudades que levavam, fizessem recomendações, dessem conselhos, e se fossem alegres, contassem anedotas alegres. Muitas flores, não perpétuas, nem dessas outras de cores carregadas, mas claras e vivas, como de núpcias. E melhor seria não haver nada, além das despedidas verbais e amigas...

E: O senhor viveu bastante e viu muitas coisas. Que balanço faz dessas experiências?

MA: Tudo isto cansa, tudo isto exaure. Este sol é o mesmo sol, debaixo do qual, segundo uma palavra antiga, nada existe que seja novo. A lua não é outra lua. O céu azul ou embruscado, as estrelas e as nuvens, o galo da madrugada, é tudo a mesma coisa. Lá vai um para a banca da advocacia, outro para o gabinete médico; este vende, aquele compra, aquele outro empresta, enquanto a chuva cai ou não cai, e o vento sopra ou não; mas sempre o mesmo vento e a mesma chuva. Tudo isto cansa, tudo isto exaure.

E: Mas o tempo...

MA: Matamos o tempo; o tempo nos enterra.

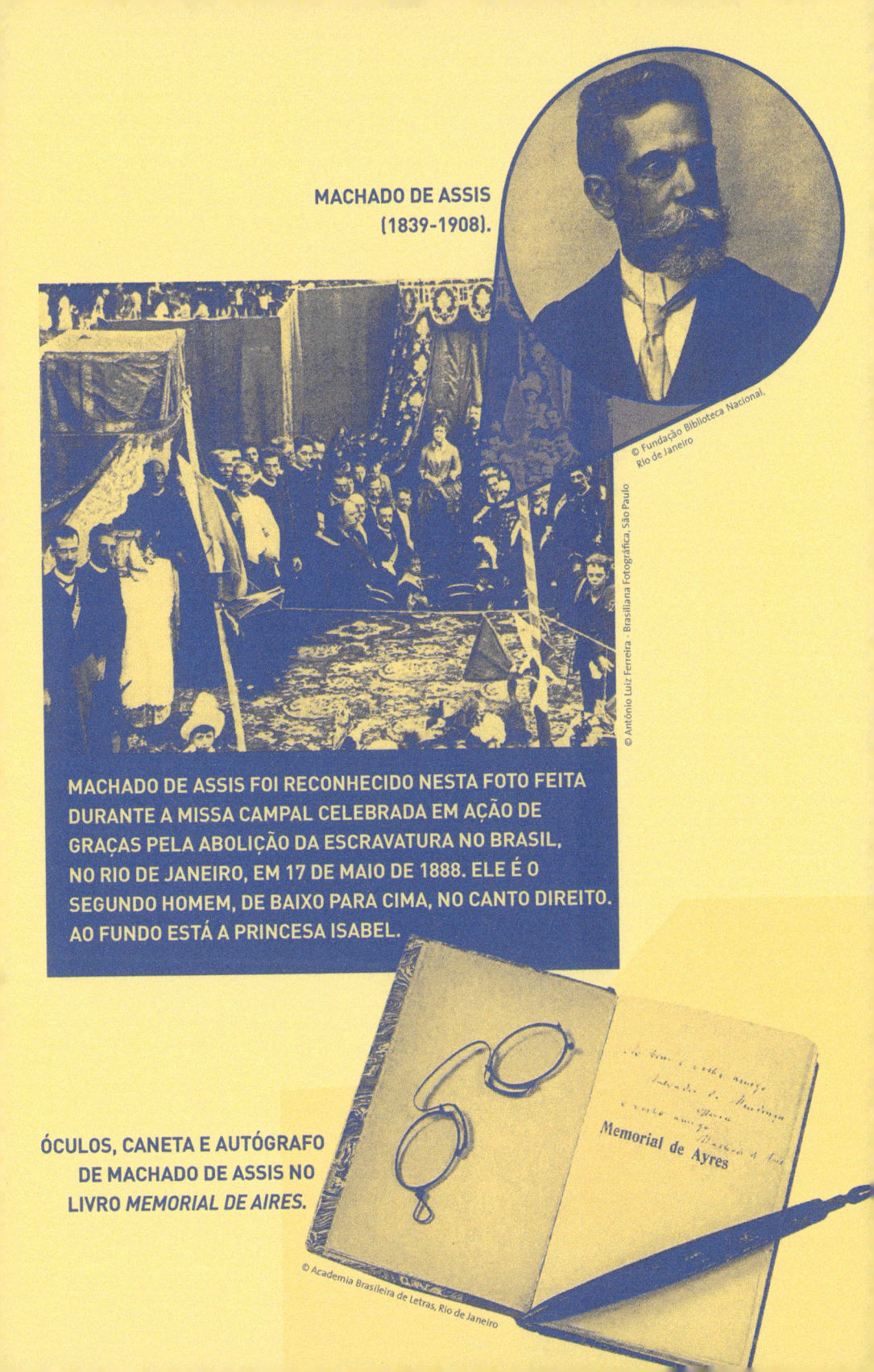

MACHADO DE ASSIS (1839-1908).

MACHADO DE ASSIS FOI RECONHECIDO NESTA FOTO FEITA DURANTE A MISSA CAMPAL CELEBRADA EM AÇÃO DE GRAÇAS PELA ABOLIÇÃO DA ESCRAVATURA NO BRASIL, NO RIO DE JANEIRO, EM 17 DE MAIO DE 1888. ELE É O SEGUNDO HOMEM, DE BAIXO PARA CIMA, NO CANTO DIREITO. AO FUNDO ESTÁ A PRINCESA ISABEL.

Memorial de Ayres

ÓCULOS, CANETA E AUTÓGRAFO DE MACHADO DE ASSIS NO LIVRO *MEMORIAL DE AIRES.*